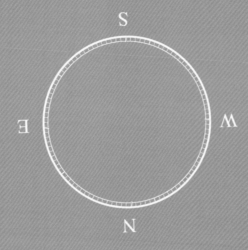

複 島

複島團隊◎著

高雄市立歷史博物館

 **總 序　開啟高雄文史工作的另一新頁**

　　文化是人類求生存過程中所創造發明的一切積累，歷史則是這段過程的記載。每個地方所處的環境及其面對的問題皆不相同，也必然會形成各自不同的文化與歷史，因此文史工作強調地方性，這是它與國史、世界史的差異所在。

　　高雄市早期在文獻會的主導下，有部分學者與民間專家投入地方文史的調查研究，也累積不少成果。唯較可惜的是，這項文史工作並非有計畫的推動，以致缺乏連貫性與全面性；調查研究成果也未有系統地集結出版，以致難以保存、推廣與再深化。

　　2010 年高雄縣市合併後，各個行政區的地理、族群、產業、信仰、風俗等差異更大，全面性的文史工作有必要盡速展開，也因此高雄市政府文化局與歷史博物館策劃「高雄文史采風」叢書，希望結合更多的學者專家與文史工作者，有計畫地依主題與地區進行調查研究與書寫出版，以使高雄的文史工作更具成效。

　　「高雄文史采風」叢書不是地方志書的撰寫，也不等同於地方史的研究，它具有以下幾個特徵：

　　其一、文史采風不在書寫上層政治的「大歷史」，而在關注下層社會的「小歷史」，無論是一個小村落、小地景、小行業、小

人物的故事，或是常民生活的風俗習慣、信仰儀式、休閒娛樂等小傳統文化，只要具有傳統性、地方性與文化性，能夠感動人心，都是書寫的範圍。

其二、文史采風不是少數學者的工作，只要對地方文史充滿熱情與使命感，願意用心學習與實際調查，都可以投身其中。尤其文史工作具有地方性，在地人士最瞭解其風土民情與逸聞掌故，也最適合從事當地的文史采風，這是外來學者所難以取代的。

其三、文史采風不等同於學術研究，書寫方式也與一般論文不同，它不需要引經據典，追求「字字有來歷」；而是著重到田野現場進行實際的觀察、採訪與體驗，再將所見所聞詳實而完整的記錄下來。

如今，這套叢書再添《複島》乙冊，為高雄的文史工作開啟另一新頁。期待後續有更多有志者加入我們的行列，讓這項文史工作能穩健而長遠的走下去。

「高雄文史采風」叢書總編輯　謝貴文

尋找城市前進的動力

高雄是個充滿熱情、創意、活力的現代都會，也是個具有深厚歷史底蘊的文化城市。

在漢人尚未移民到這塊土地時，高雄地區即有馬卡道族人活動的蹤跡，留下諸如「小溪貝塚」等重要遺址。荷據末期，荷軍遭鄭氏部隊擊退後，曾在打狗南岸海汕地區集結，而留有「紅毛港」的地名。明鄭時期，鄭氏部隊插竹為社，斬茅為屋，前鎮、後勁、左營、右衝（昌）等地為其軍事屯墾區。

清領時期，清廷在左營興築舊城，為臺灣第一座土城，亦為第一座石城，與鳳山新城合譜「雙城記」。清末打狗開港，郭德剛、史溫侯、馬雅各、萬巴德等人引進西方的宗教、醫學與科學，高雄成為臺灣與世界接軌的窗口。

日治時期，隨著高雄港築港工程、縱貫鐵路的通車，臺灣煉瓦會社打狗工場、淺野水泥株式會社等在此設廠，高雄一躍而為全臺的工業重鎮，臨港的哈瑪星也成為現代化城市的起點。

戰後時期，鋼鐵、造船、石化等重工業在高雄蓬勃發展，加工出口區的設立，吸引大量的就業人口，高雄成為外地移民的新故鄉；而生猛有力、勇於挑戰的城市性格，也造就其「民主聖地」的稱號。

2010 年縣市合併後，高雄成為全臺土地最大，人口居次的都會，三十八個行政區各有特色，有閩南、客家、外省、原住民等族群；佛教、基督教、天主教、一貫道等宗教聖地；工、商、農、漁等產業；山、海、河、港等景觀，使城市更具有多元的魅力。

歷史不能遺忘，文化必須保存，城市才能進步向前。這些先民所走過的歷史足跡、求生存過程中形成的風俗習慣、人與土地互動所積澱的文化資產，都是城市前進的動力；唯有更積極去發掘、書寫、推廣各地的文史，方能找出多元豐美的地方特色，指引城市發展的方向。

高雄市政府文化局與市立歷史博物館所策劃的「高雄文史采風」叢書，已陸續出版許多精彩主題的專書，為城市的文史建構作出貢獻。此次，又有《複島》一書面世，介紹本市旗津區與高雄港的發展史蹟，將高雄旗津島的民情特色與在地景觀廣為宣揚。本人非常高興高雄市的人文風情又多一份紀錄被保存，在此除感謝作者與有關同仁的辛勞外，也期待有更多文史同好、學者或專家投入文史采風的工作，為高雄找到前進的動力。

高雄市長　　陳菊

局長序　奠定文化建設的基石

　　從常民生活出發，保存及活化文化資產，為城市留下動人的歷史記憶，是本局推動文化建設的重要理念。而歷史記憶需要被傳承，無論是透過集體記憶、口述傳統，還是文字書寫，歷史應當被視為一種文本（text）或言說（discourse），經由開放式的詮釋與對話，不斷創造出社群的傳統，並賦予作為社群一份子的個人生命的底蘊與意義。

　　作為一個城市歷史保存、書寫的官方機構，高雄市立歷史博物館在過去數年陸續推動史料集成系列叢刊的復刻與新編，為後續的歷史研究打下紮實基礎。此外，史博館也同時推動由民間參與歷史書寫的工程，以徵文的方式獎勵有志於紀錄一人、一家、一區、或是一市的點滴過往或是常民記憶，彙集出版成「高雄文史采風」系列叢書，目前已有《羅漢門迎佛祖》、《高雄林園鳳芸宮媽祖海巡》、《藝之鑿鑿—木雕國寶葉經義》、《內門鴨母王朱一貴》、《紙天化地》、《土地・生活詩篇——大岡山常民影像暨劉國明攝影集》等精彩作品。接續之前的出版，《複島》一書深入淺出的運用插圖與故事介紹旗津島的歷史與現況，並詳細陳述了與高雄港之間的依附關係，透過本書除了進一步瞭解旗津的文史與現況發展，若

能再到旗津一遊，當更能領會此地的人文深度與豐富的古蹟名勝。

　　謹代表高雄市政府文化局，願每位關心土地、熱愛高雄的朋友都能撥冗一覽本書。我們也期許未來「高雄文史采風」叢書將會結合更多的學者專家，能人志士，有計畫地撰寫與出版文史專書，讓文化建設有源源不絕的養分，在高雄的土地上扎根茁壯。

高雄市政府文化局局長

序　島浮世繪──
　　　　回到現實的方法

　　我們都經歷了某種政治、歷史、殖民與後殖民、全球化消費社會伴隨新自由主義擴張相交下「犧牲的體系」的犧牲品。威權政府的舊有價值曲終之後，臺灣社會轉型，政治與經濟體質急速轉變、當代歷史解構與建構、社會狀態剝離與失序、文化迷失、身分認同混亂，至今仍難分難解。另一方面，由於對於臺灣歷史的混亂疏離，解除戒嚴，並不等同於臺灣邁開政經殖民的狀態，因為文化意識缺乏自主的實存現況並未消匿。對於歷史文化與意識形態的操控，缺乏共同經驗的我們能夠如何書寫生活經驗與在地文化，除去作者身分集體創作，而從邊緣的主體位置發言？

　　與大眾社會交往的，是緊繫日常生活的刻痕與脈絡，曝露了實存社會的矛盾、碰撞以及複雜性，這些茶米油鹽時刻必須實際對峙、討論、實踐的現實問題，怕不是後現代藝術虛無縹緲地以旁觀姿態嘲諷的笑鬧方式，就足以提出反省或是參與的解決辦法。

　　彎過旗津巷弄，猶如行經一扇扇觀景窗，勾引著凝神回望，望去是可觸或不可觸的歷史、記憶、想像、情感與現實，更有探進生

命內蘊的心靈寫真。許許多多飄零的真實碎片，集結成一幅偌大的人生幻影。因此，我們不應是再現過去景觀，而是取代、轉變、創造不同的形式風格或觀念，成為田野之後，作為回應社會的自我反省，與積極面對的方法，闊出臺灣青年世代的發展可能。

在島上，發現了某種情感狀態，貌似出國，容易不時萌生移民念頭。再踏上這塊土地，又逐漸地抹怯了。一旦離開，便反覆興起，這是一種心理矛盾的顯影：我們真的不滿足於現在的居處，常感到有很多不足，卻偏是從小生長的「家」，便產生很多冀望、很多渴望，盼望會更好，斷斷續續地尋找一個出口。移民者如此、職人們如此、寂靜中喧囂的景觀甚是如此，給人一種遭遇歷史、回憶與身體的經驗，猶如王聰威《複島》小說的魔幻寫實之感，曾經安身卻無法立命，淹沒漫漫波光中，兀自豎立。

歷史洪流鯨吞小人物與小地景，卻也是小人物與小地景的參與而共築大歷史，橋接過去未來。旗津故事，說來爛漫惆悵，本島與小島以港灣鹹膩海風為接著劑，黏合斷裂的土地、記憶與情感。

複島團隊，2016.10.28

Content

旗津身世

苓雅寮

人物故事與旗津事情

附錄

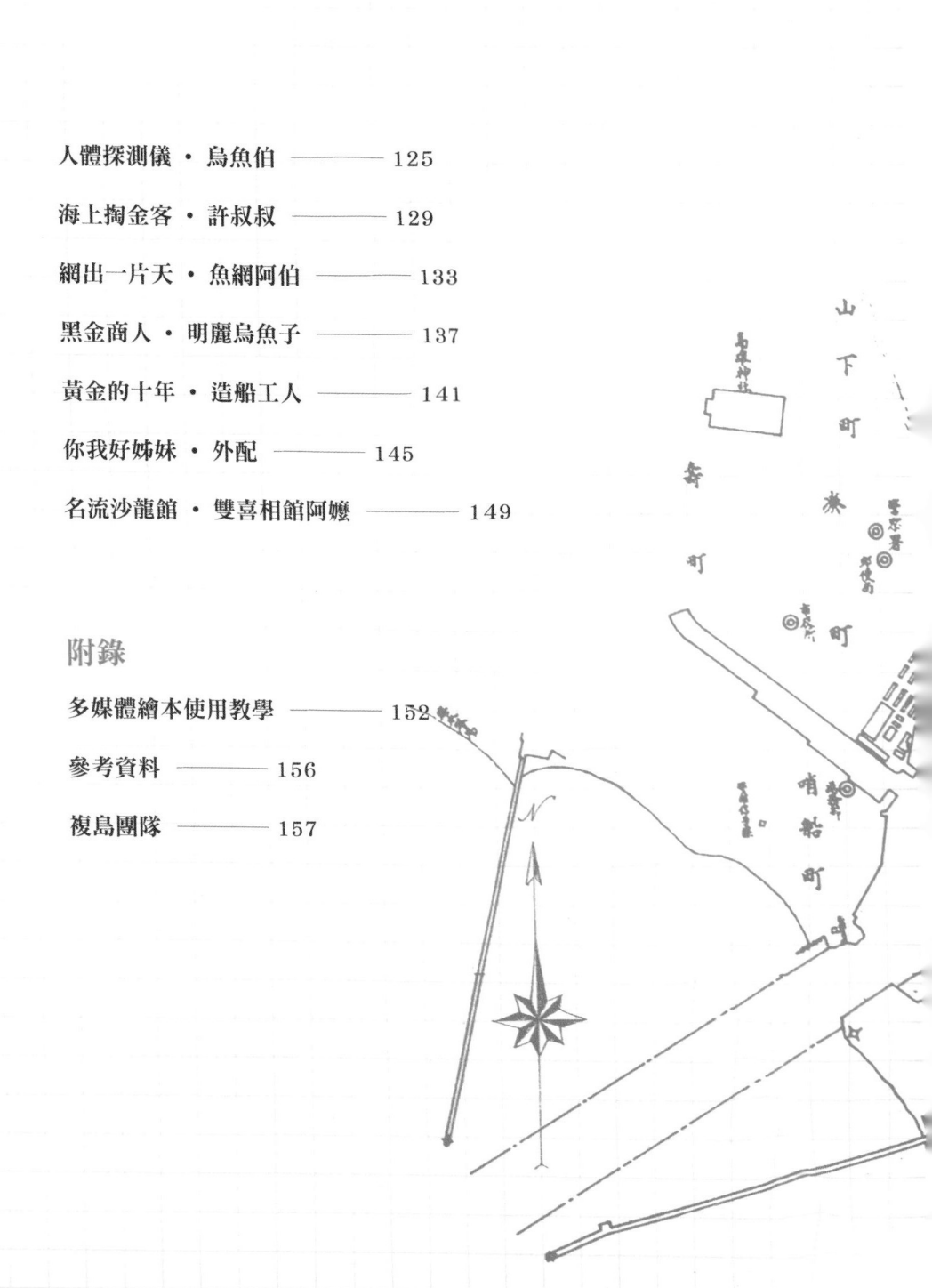

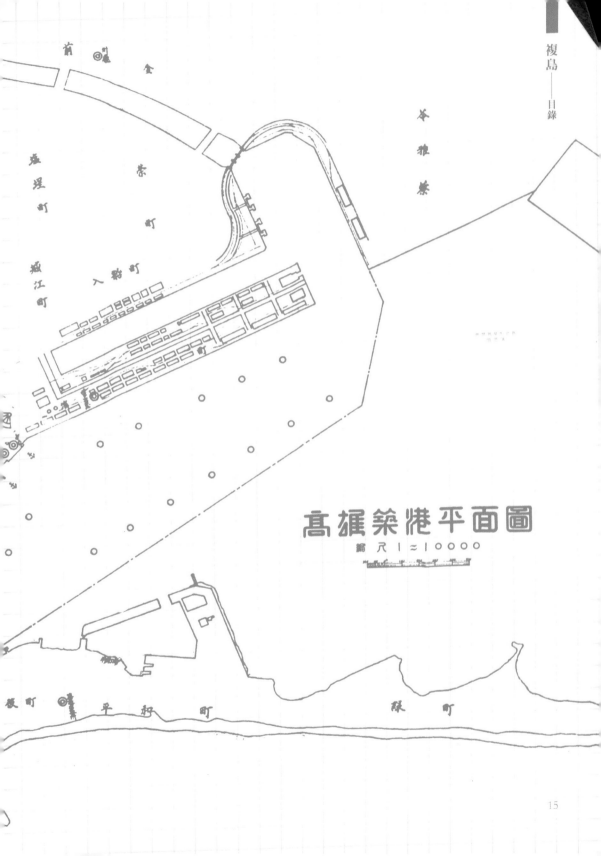

首 引 金

塩 埕 町

崇 町

堀 江 町

入 舩 町

苓 雅 寮

高雄築港平面圖

縮尺 1 ≈ 10000

後 町　　平 和 町　　祿 町

■ 1910 年打狗港內外淺灘測量圖

　　「……你感到歡愉，並非由於城市的七大奇觀，或七十個奇觀，而是在於它回答的你的問題。或者是它問你一個問題，強迫你回答……。」

——卡爾維諾，《看不見的城市》

　　我們站在不同的視角，說著旗津島上人和物的故事。故事可以從這說起：旗津島，從 17 世紀開始，由高屏溪的泥沙沖積漸漸而成，就已開始承載著臺灣開發的歷史；做為高雄的發源地，曾有過數不盡的輝煌篇章；2011 年上半年的旗津海水浴場湧入了超過 160 萬觀光人潮的紀錄……。

　　然而，我們直接走入社區，訪問居民，傾聽訪談對象的人生故事，感受他們與島的聯結，透過不同的角色敘事構築出旗津的樣貌；我們追尋消失的或仍存留的物件—消波塊、日本公學校、汙水處理廠……，撫摸歷史銘刻的痕跡，企圖理解旗津現在的樣貌。

周曉禎，2013

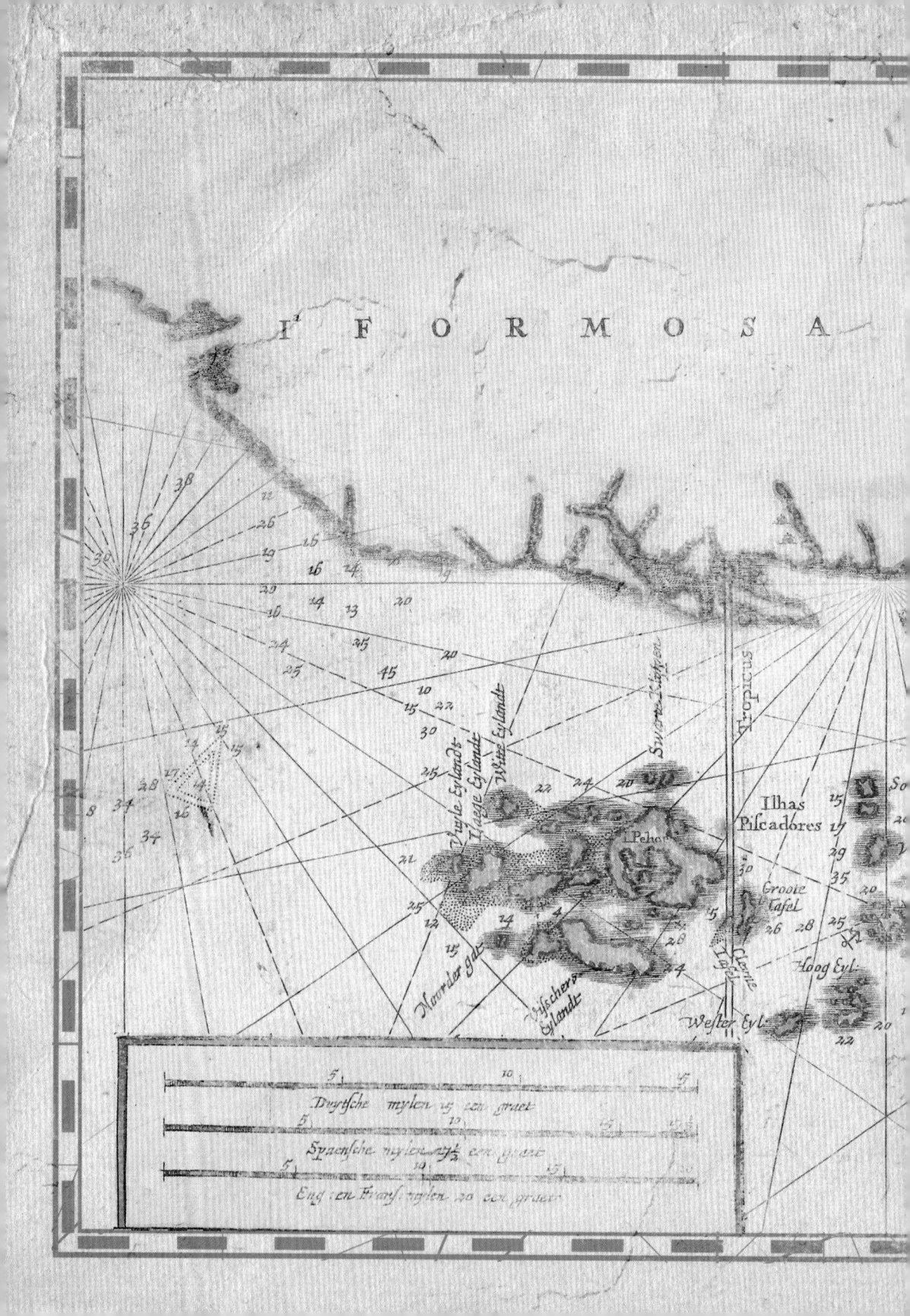

I¹ F O R M O S A

38
36
36
12
26
19 16
16 24
20
19 14 13 20
24 25
25 15 20
10
15 22
30
25
14 15 15
19 17 15
28 17 4
8 34 16
36 34

Duyfe Eyland's
Ilieue Eyland's
White Eyland

Swarte Klippen

Tropicus

L Pehou

Ilhas
Piscadores

Groote
Tafel

Cleine
Tafel

22
24 20
22
21
25
12 14
15 7
4
4

30
15
26 28 25
28

Hoog Eyl.

Wester Eyl.
22

Noorder gat

Vischers
Eylandt

So
15
20
17
29 35
20

5   10   15

Duytfche mylen 15 een graet

5   10   15   15

Spaenfche mylen 17½ een graet

5   10   15

Eng en Frans. mylen 20 een graet

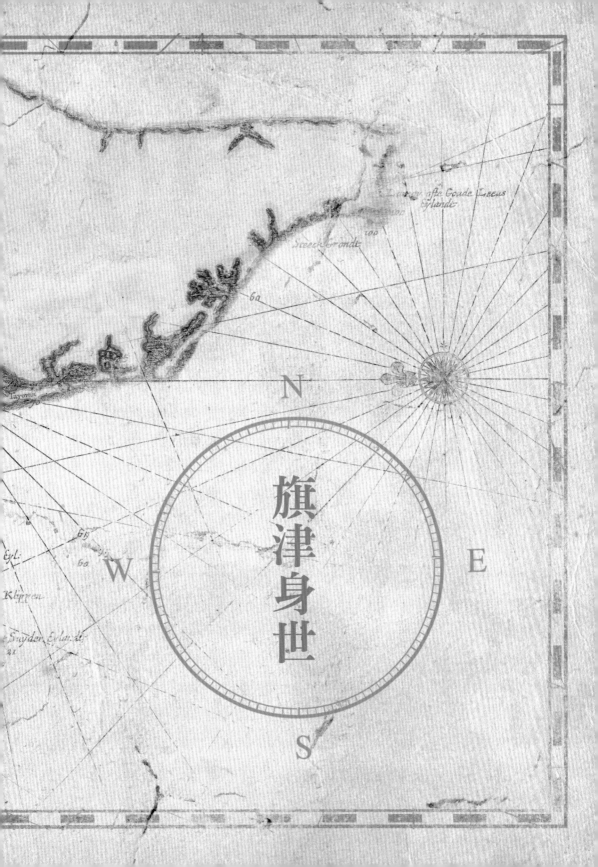

旗津身世

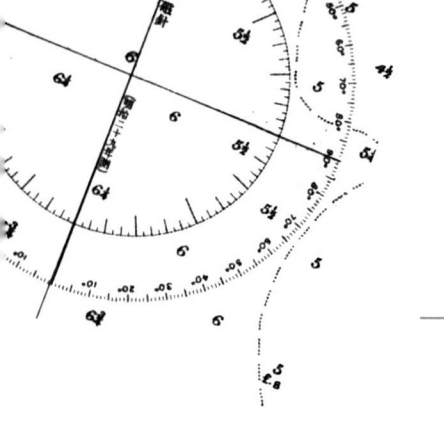

烏魚寮

─ 漁民新大陸 ─

　　1673 年（清康熙十二年），福建漁民徐阿華因在海上遭遇颱風漂流到旗後，發現極佳漁場，後邀同鄉六戶人家（蔡、洪、王、李、白、潘）舉家遷徙，迎奉湄洲媽祖分靈在天后宮現址搭蓋簡便草寮供奉，並稱之為「媽祖宮」。畏廟地被占，即會同各姓頭人丈地為界，合立開墾字乙紙，以存後代共鑒，杜絕爭競之禍。

　　臺灣商人組織是由 1725 年（清雍正三年）臺南創立的三郊開始，分別為北郊、南郊與港郊；港郊從事臺灣各港口，如東港、旗後、五條港、基隆、鹽水港、朴仔腳、滬尾等處貿易。當時的西港（旗後港）內為通商口岸，臺灣大多數米、糖等農產品均藉由旗後港口輸往大陸各地，來往商人為求經商便利，便在旗後設店或居住下來，使旗後人口數逐年增加，街庄聚落也慢慢聚集而成。

　　臺灣入清朝版圖後，入墾打狗的漢人漸增，初期縣城在興隆里（左營），1786 年（乾隆五十一年）移城陂頭街（鳳山市）。因生活需要，打破原始經濟型態而進入簡單商業交易行為經濟模式，有物物交換或貨幣易物等方式，「市集」便因而出現，大多集中交通頻繁之街衢城門及寺廟附近。

是誰讓旗津繁榮了起來？

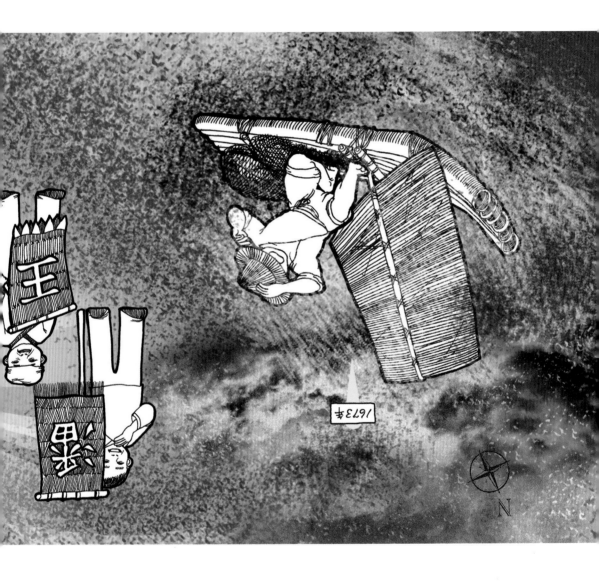

由《鳳山縣采訪冊》資料得知，當時「市集」開市時間不一，旗後街市集，即位於天后宮前，直至今日，天后宮前的廟前街仍是旗後地區最熱鬧、最繁榮，人煙喧騰，遊客如織之處。

1864 年打狗正式開港後，外商也相繼前來，使旗後的貿易商務蒸蒸日上，且在清領末期因為中外商賈雲集，而成為打狗地區最繁榮的街市，盧德嘉《鳳山縣采訪冊》中記載：「內為通商口岸，華洋雜處，商賈雲集。」可見當時旗後地區商人貿易往來蓬勃景象。1866 年（清同治五年），馬雅各醫生在旗後山麓興建禮拜堂及打狗醫生館，開啟全臺灣第一座基督教教堂與西醫院。

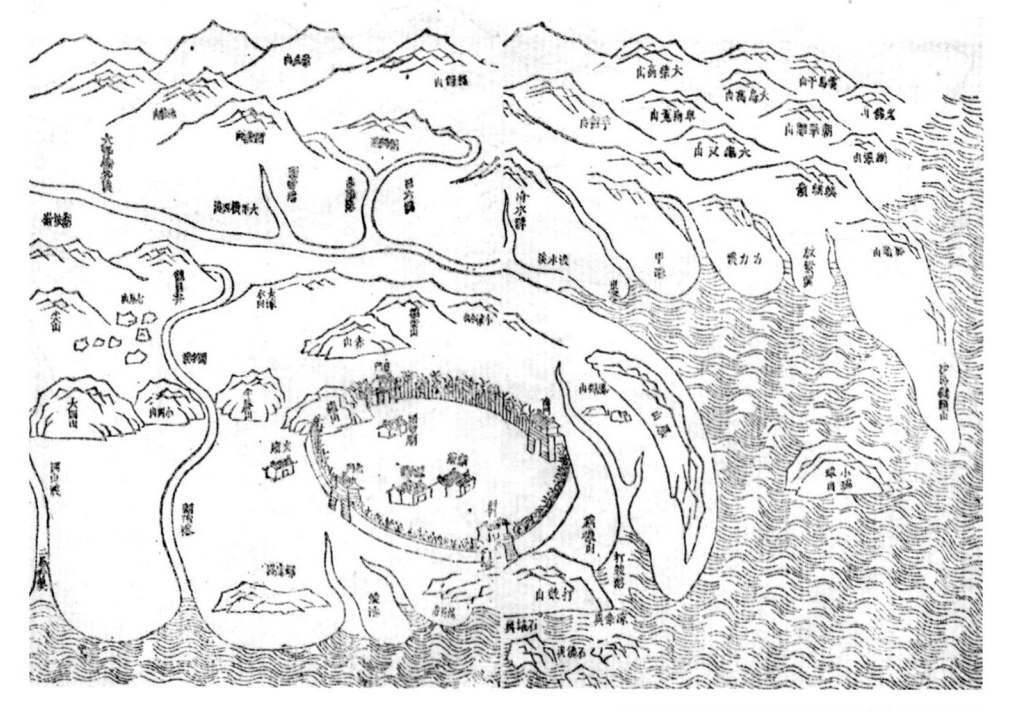

■ 同治年間《續修臺灣府志》鳳山縣圖

　　1870年，由買辦起家的陳福謙為通商貿易之便，在旗後設置「順和棧」，從事砂糖輸出，進而成為打狗首富，之後亦有「中和棧」、「新泰記」等。打狗港開港後立即帶動旗後庄發展，是今高雄市轄區內第一個兼具港口與市街的聚落，1886年打狗赤糖年銷一萬一千公噸，1887至1891年平均一萬七千公噸，成長百分之八十，將貿易市場由中國地區擴展到國際市場，一躍登上世界貿易舞臺，衍生衝擊帶動勞務人口，旗後街成為當時區域發展重心。

　　自荷、明鄭，撈捕烏魚一直是旗津地區居民主業，同時也是政府主要稅收之一。清廷比照荷人管理方式，發烏魚旗管制，以蔣

■ 約1915年打狗港一景

毓英的《臺灣府志》雜稅裡記載：臺灣府及鳳山縣為主，各發烏魚旗九十四枝，每枝徵銀一兩五分，而在其他縣並沒有這樣的記載，可見捕烏魚處主要在臺灣南部，但這項稅收至1877年（光緒三年）時便廢除。

據清領末期1895年前後的調查，打狗地區漁業大多集中在旗後與苓仔寮兩地。當漁民漁獲量過多時就加以晾乾鹽製，尤以鹽烏魚及鹽烏仔魚最多。漁獲的銷售市場以鳳山及附近村落為主，鹽製品則可運至臺南府城銷售。至清領末期，旗後與苓仔寮各有一座魚市場出現，專業魚販約有二十餘戶。

■ 捕烏魚與日曬烏魚子

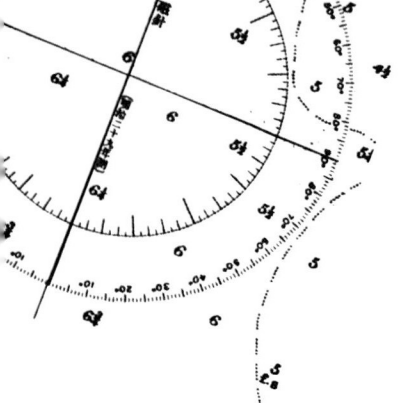

日府治臺

― 漁港西化 ―

　　1895 年（光緒二十一年）三月，中日甲午戰爭後臺灣及澎湖割讓給日本，開啟日本治理臺灣五十一年的歷史。日本為提升打狗港為一個國際級大港，實施了一連串計畫，不僅改造了打狗港，也吸引許多外地人進住旗津地區，同時因人口大量增加，也帶動旗津地區各級產業經濟發展。

　　日本在 1900 年及 1905 年進行了兩次打狗港港灣調查工作，而後臺灣總督府便在 1908 年開始打狗港築港計畫工程，至 1912 年完成第一期工程，建設打狗港為現代化港埠，使打狗港貿易額超越安平港及淡水港，與基隆港並列為臺灣南北兩個大港。由於打狗港貿易興隆與築港工程陸續進行，吸引人口聚集，臺灣總督府乃在港區周圍填築海埔地。由於日人建設，帶動了打狗港腹地開發，如旗後、哨船頭、鹽埕埔等地，尤其以旗後市街繁榮更加顯著。許多日本人前來開設商店經營商業買賣，足見當時旗後居民已有購買各種日式、洋式百貨的能力。

　　日治初期旗後街曾是打狗地區最重要的區域，1901 年十一月，臺灣總督兒玉源太郎將全臺灣分設鳳山廳等二十廳，鳳山廳下再設

來來往往的船隻

將為旗津帶來什麼變化？

有三個支廳，其中的打狗支廳廳治設於旗後街，但 1905 年六月臺灣總督佐久間左馬太將打狗支廳廳治移設於對岸哨船頭，唯打狗區區役場仍然設在旗後街。

後陸續設置旗後警察官吏派出所、臺灣總督府土木局打狗出張所、交通局高雄築港出張所、旗後町設置有高雄燈塔、高雄郵便局旗後出張所、交番、水上交番等公家機關。日治後期 1928 年前後旗後町市街，已完成市區改正計劃，可看到整齊劃一的正方型市街區塊出現，天后宮前依舊非常繁榮，有派出所、渡船場、醫院、商店、信用組合、藥店、郵政出張所、料理店、旅館等。

日本政府對於臺灣漁業發展極為重視，將臺灣傳統風帆漁船、拉網手釣等捕魚工具，轉為以動力、機械起網的動力漁船，使整個漁業發展從人力走向動力機械，積極鼓勵漁民建造動力漁船，因此在港區設有十一家民營及二家公營造船所，從事漁船建造與維修工作。另因造船工業是一項高度精密的產業，同時必須結合鋼鐵、機械、電機、引擎、電子、化工、木材、油漆、與船舶五金等相關產業，因此日治時期除了造船工業發展外，同時帶動附屬相關產業，當時有將近十一家鐵工廠及鑄物場設置於周圍。

■ 1922 年旗後街港

旗后燈塔

1883年
最早的燈塔

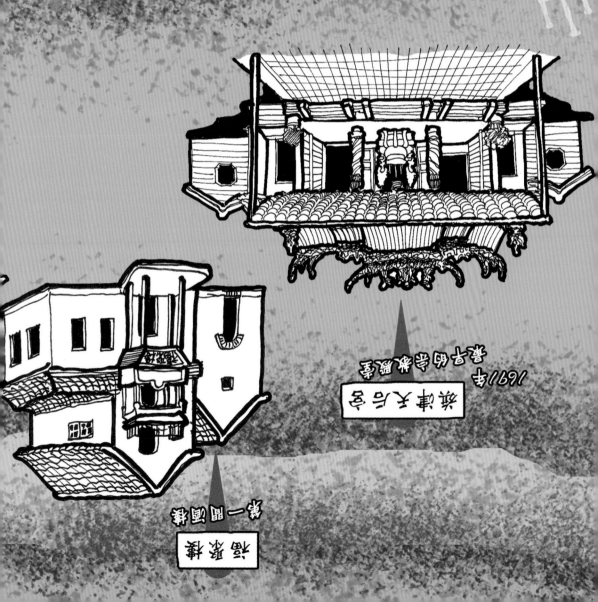

昔時天后宮造型
1691年

前殿天后宮

第一開間正殿

媽祖廟

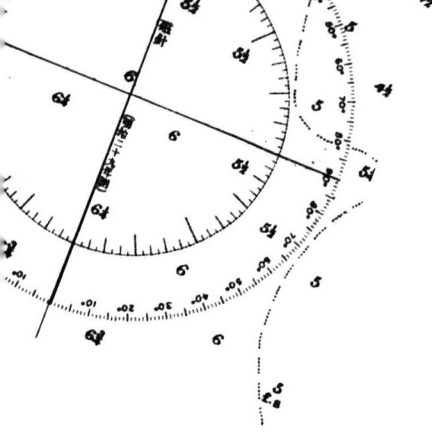

日人開港
─ 高躍雄飛 ─

　　打狗港擴建，是日治時期的成果。西元 1899 年，臺灣總督府民政長官後藤新平巡視南臺灣，途經打狗港時發覺此地有築港重要性，於是自 1900 年六月對打狗港進行探勘、調查，後來卻因經費不足遭到擱置。

　　1908 年（明治四十一年），臺灣西部縱貫鐵路全線通車，南臺灣成為打狗港腹地，加上 1905 年日俄戰爭結束後，島內產業蓬勃發展，米、糖及阿里山林場木材等急待輸出，遂擬定打狗港築港計畫，預計每年吞吐貨物四十五萬噸，工程費預算四百七十三萬三千圓。

　　1908 年（明治四十一年）至 1913 年（大正二年）進行高雄港第一期築港工程，因情勢需要提早一年完工。鑿除港口岩礁及附近暗礁，將航道加寬為一〇九公尺，深度為七至九公尺，可通行三千噸級貨輪，並興建可停靠七艘船舶的碼頭，和五艘繫船的浮筒，築港挖出的淤泥填築哨船頭北側海埔地區，面積二十三萬平方公尺，建造『哈瑪星』（新濱町、湊町）新市街。

　　第二期築港工程於 1912 年（大正元年）至 1937 年（昭和十二年）進行。港口濬深至九公尺，可供吃水八公尺以下八千噸

複島──旗津身世

這座島好像暫時換人管理？

級船隻安全進港。當時碼頭全長為一千八百七十八點六公尺，航道水深八點二公尺，港內可停泊三千至一萬噸船隻二十六艘（碼頭可泊船十六艘、浮筒可繫船十艘）。

利用浚渫港區泥沙，將原為鹽田、漁塭等窪地填築為碼頭、倉庫及新市街用地，包括現今的鹽埕區西南側、新濱碼頭後側，苓雅寮南側及戲獅甲等地，面積達一百六十四萬九千九百七十四平方公尺。並新建哨船頭漁港，增添設備，使打狗港具現代化港口規模，附近煉油、製鋁、水泥、製鹽、造船等工業相繼建立。1920年（大正九年）打狗改名為高雄，有「高躍雄飛」之意。同時打狗港改名為高雄港。

1937 年七月七日，日本對華發動侵略戰爭，海上軍需運輸日繁，高雄港吞吐量已達二百五十萬噸，遠超過原先規劃，為配合戰期需求，以利日人以高雄港作為經營華南，進而遠征南洋地區之重要基地，乃決定於 1937 年起，以六年為期，預算金額七百七十萬圓，進行第三期築港工程，但因戰爭期間經費困難，加上 1941 年（昭和十六年）太平洋戰爭後，更乏力建設，打狗築港工程全部停頓，除加強港灣維護工程外，僅增加一座倉庫。

高雄港經過日本政府擴建後，具備現代化規模，最明顯的成效，便是對外貿易。西元 1907 年對外貿易額突破一億日圓，幾近全臺貿

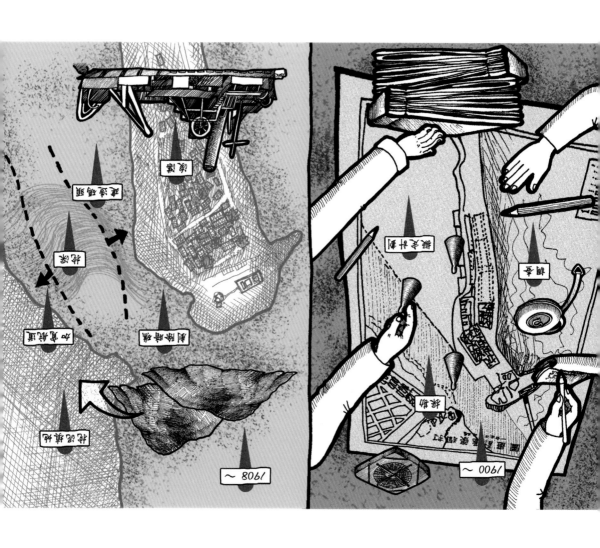

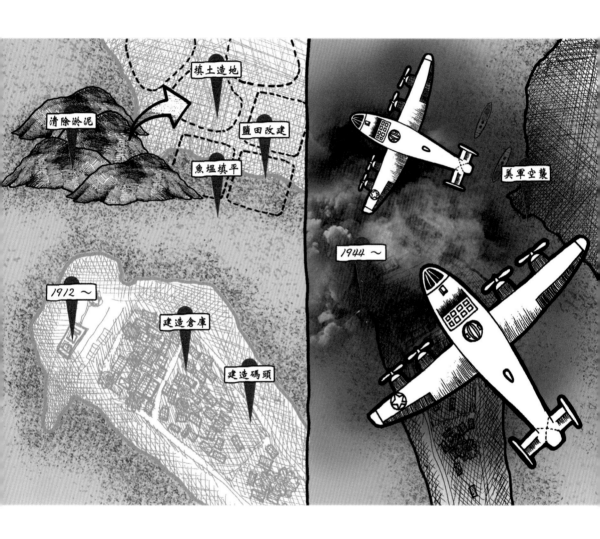

易額一半。西元 1934 年後達二億日圓。1937 年更突破三億日圓。利用浚渫港區泥沙，將原為鹽田、漁塭等窪地填築為碼頭、倉庫及新市街用地，包括現今的鹽埕區西南側、新濱碼頭後側，芩雅寮南側及戲獅甲等地，面積達一百六十四萬九千九百七十四平方公尺。並新建哨船頭漁港，增添設備，使打狗港具現代化港口規模，附近煉油、製鋁、水泥、製鹽、造船等工業相繼建立。1920 年（大正九年）打狗改名為高雄，有「高躍雄飛」之意。同時打狗港改名為高雄港。

1937 年七月七日，日本對華發動侵略戰爭，海上軍需運輸日繁，高雄港吞吐量已達二百五十萬噸，遠超過原先規劃，為配合戰期需求，以利日人以高雄港作為經營華南，進而遠征南洋地區之重要基地，乃決定於 1937 年起，以六年為期，預算金額七百七十萬圓，進行第三期築港工程，但因戰爭期間經費困難，加上 1941 年（昭和十六年）太平洋戰爭後，更乏力建設，打狗築港工程全部停頓，除加強港灣維護工程外，僅增加一座倉庫。

高雄港經過日本政府擴建後，具備現代化規模，最明顯的成效，便是對外貿易。西元 1907 年對外貿易額突破一億日圓，幾近全臺貿

易額一半。西元 1934 年後達二億日圓。1937 年更突破三億日圓。

當時高雄港為臺灣第二大港，僅次於基隆港，主要貿易對象為日本，貨物以米、糖、香蕉、鳳梨罐頭等初級加工產品為主。

其他對外貿易對象主要有中國、歐美、香港、南洋地區等。日人松尾繁治曾說：「高雄港為高雄市的生命線。」

1944 年十月十二日（昭和十九年），美軍大舉空襲高雄港，至翌年八月十五日，日本向盟軍無條件投降為止，高雄港所有碼頭、倉庫、起重設備，幾乎全被炸毀，而且為了阻滯盟軍進攻，日本自行炸沉五艘大船，港內沉船一百七十餘艘，總噸位達七千四百五十三公噸，高雄港遂成死港。

斷尾的島
─ 高雄港開拓 ─

　　旗津島原是沙洲半島，南端與臺灣本島相連，1967 年因高雄港第二港口興建而截斷。

　　高雄港位處高雄市西南部，港灣形勢天然，西北有旗後山、壽山雄峙渚口兩側，自旗後山沿海岸有旗津、中洲、紅毛港，呈長型沙洲屏障西南，形成一道天然防波堤，使得整個碼頭作業全年不受氣候影響照常工作，是天然理想良港。整個高雄港型港口窄、內港寬闊，成瓶狀型，具有足夠寬、深的交通入口，廣大腹地、近碼頭的遼闊水域、全年不結冰且潮差小，這些條件使高雄港立足國際。

　　港區內地質屬第四紀沖積層，海底地質表層為灰褐色夾雜泥土之細砂，中層為灰黑粗砂，底層夾雜黏土，高雄港內雖有仁愛河、前鎮河、鹽水港流入，但極少挾帶泥沙；壽山和旗後山是第三紀珊瑚石灰岩所組成，泥沙亦不易流入港內。因此，高雄港不但沒有陸化問題，且可長久保持內海深度，有利於船舶進出。港區整體規劃有：港埠營運區、港埠行政區、造船工業區、工業區、電力專業區、石油專業區、漁業專業區等。

戰爭完你們便離去，

　　留下了旗津該怎麼辦？

1945 ～

残骸清理

港區復舊

建設修復

1954 ～

舊港區整建

中島商港區興建

成立加工區

環港鐵路延伸

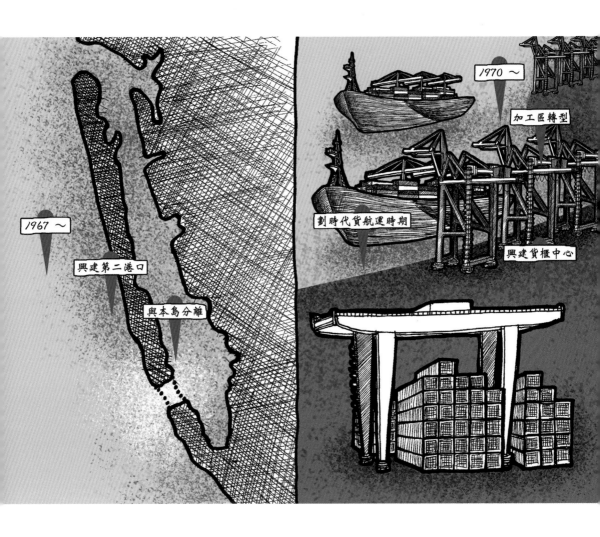

1967 ～

興建第二港口

與本島分離

1970 ～

加工區轉型

劃時代貨航運時期

興建貨櫃中心

　　1960 年代官方從事十年港口新建與舊港區整建工程，奠定高雄港未來發展基礎，並利用港口優勢設立高雄加工區及臨海工業區四期，帶來大量外來就業人口。至 70 年代初期港口營運方式改變，高雄港位居東亞航線軸心點，官方在港區興建大量貨櫃中心配合營運，再度吸引大量就業人潮，人口在 70 年代後期破一百萬，1979 年正式升格院轄市並且併入小港鄉（原日治時期鳳山庄），更名小港區，成為第十一個行政區。

　　90 年代港口轉為多功能營運，高雄加工區尋求轉型並設立倉儲運轉區，配合政府發展亞太營運中心計畫，並於 90 年代後期首次和中國進行境外航運，以提升高雄港營運業績。

　　但在生存壓力之下，工業區設廠商家不斷外移中國，使高雄市人口呈現相當緩慢的低成長。至近期港口營運再轉型成多功能經貿區和休閒文化專區二種，配合加入 WTO 後，政府提出全球運籌管理中心計畫，使高雄港成為臺灣海運中心，但高雄港貨櫃吞吐量由原來的排名世界第三，迄 2004 年直到 2006 年均已退居第六，外來就業人口衰退。但本市商業服務機能不斷增加，人口尚維持緩慢成長。

臍帶連結

─ 跨海過港 ─

　　高雄港過港隧道位於新生路經前鎮漁港與第三貨櫃中心間的漁港南三路，工程由 1981 年五月開工至 1984 年五月十八日完工通車，總工程耗資約新臺幣四十億餘元，穿過寬四百四十公尺，水深十四公尺之主航道，雙向各有兩線汽車道及一線機車道，至對岸旗津中興商

　　港區預定地，是臺灣唯一的水底公路隧道。完工初期，凡通過該隧道之客、貨車輛除旗津地區居民及在當地從事相關事業之人員車輛外，均需繳納車輛通行費。

　　但為促進旗津地區觀光事業及相關業之發展，自 1993 年九月十六日起停收所有車輛通行費。

　　過港隧道雖解決旗津離島至市區的交通問題。但由於隧道兩端均不在鬧區，對於一般觀光客、民眾、學生或機車騎士，仍多選擇較接近市區，且航程僅需十分鐘之鼓山－旗津線渡輪。高雄港位於高雄市西南端，是臺灣最大的國際港埠，也是世界第六大貨櫃港，擁有一處長約十公里，寬約二百公尺的沙洲潟湖，為一道天然防波提臥，阻隔臺灣海峽風浪，形成最優越的天然港口，可供十萬

汽車過不去怎麼辦？

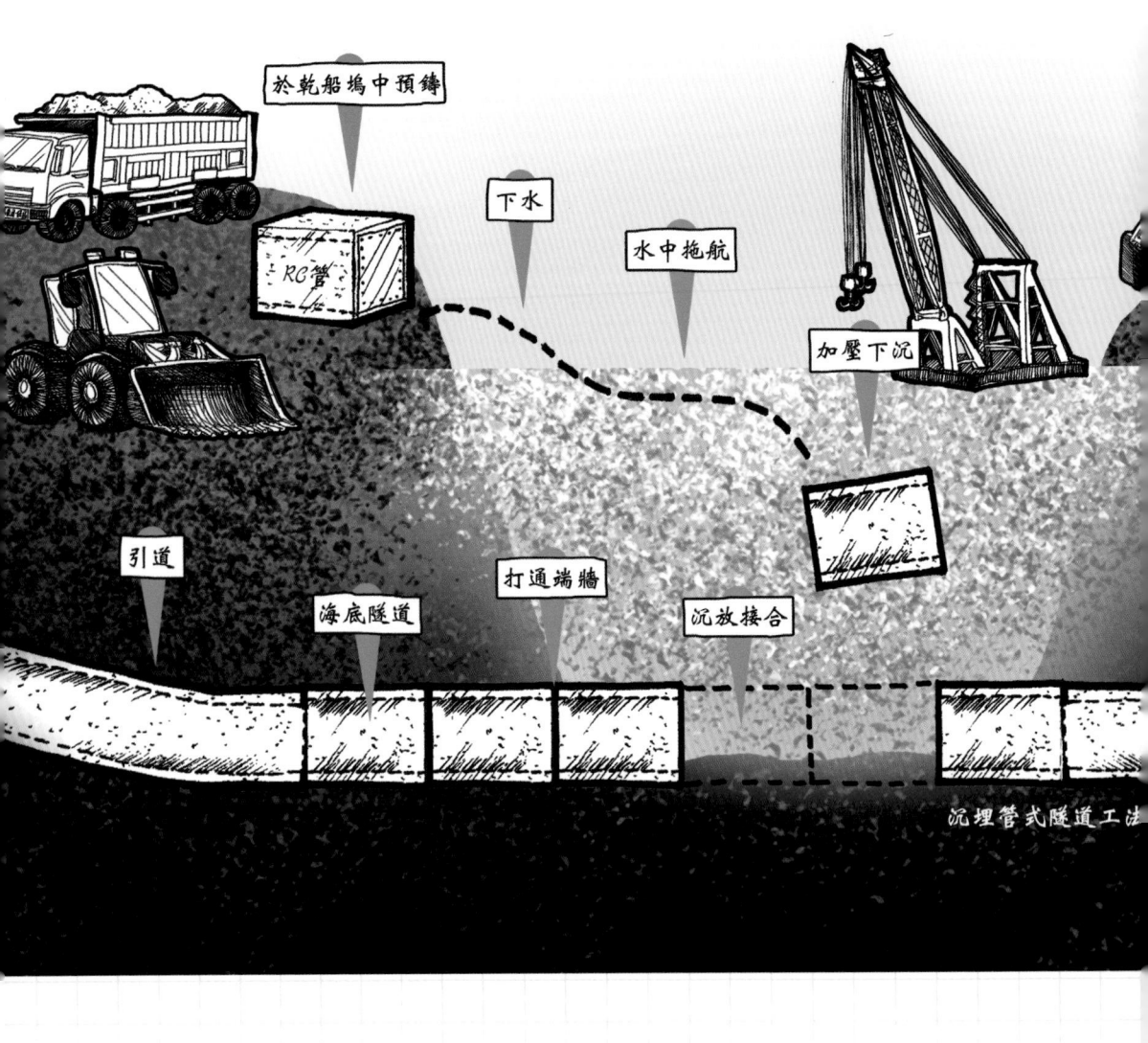

於乾船塢中預鑄

下水

水中拖航

加壓下沉

RC管

引道

打通端牆

海底隧道

沉放接合

沉埋管式隧道工法

噸級以下巨輪進出。

為維護高雄港過港隧道結構安全，原本航行通過隧道上方主航道的船舶限制吃水深為十三點八公尺，但為因應船舶大型化，高雄港務局於 2004 年起開始實施高雄港過港隧道上方主航道浚深工程，並於 2005 年十月十八日完工，完工後浚深水深達十四點二公尺，通過高雄港過港隧道上方主航道的大型船舶，只要吃水深在十四公尺以內，即可申請航行通過進港作業。

臺灣民謠時代著名歌手李壽全曾以《張三的歌》在 1986 年李祐寧執導的電影《父子關係》作為主題曲，當年的過港隧道與旗津風景一同收錄其中，《父》片為歌曲、電影及旗津做了相互烘托的詮釋。近期國片《我的窮爸爸》過港隧道亦有片段露出，兩部電影年代相差二十七年，同樣擅長講述親子間情感，反應當下社會各種現象，使用過港隧道地域性的連結特點，串連情感、記憶與地景，構築隧道另一端充滿希望的意象。

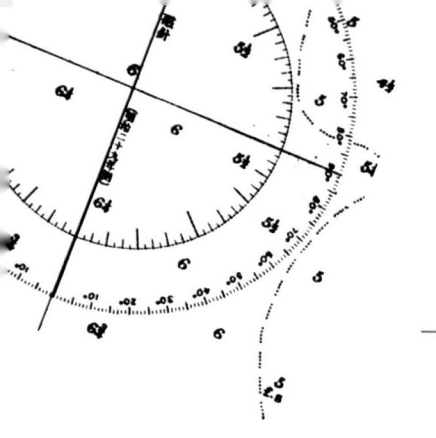

五感體驗
── 旗津逍遙遊 ──

從前，高雄市區往來旗津只能搭乘「渡輪」或從高雄歷史上失了蹤跡的「舢舨船」，自 1984 年起，多了另一項選擇——臺灣唯一水底公路隧道「過港隧道」，到達這座與市區有著不同風情的境外之島。

旗津島是一座狹長型小島，面積只有一點四六三九平方公里，這座離本島僅有短短幾海哩的小島上，有著豐富人文觀光資源：臺灣本島最早供奉媽祖，直至今日仍處主要幹道與鬧區的「旗津天后宮」，於 1673 年（康熙十二年）時即已佇立旗津，屬南方廟宇建築系統，早期廟埕作為曝晒漁網以及臨時修補竹筏、漁網的場所，現則作野臺戲看臺及擺設供桌使用。

尚有文史上從 1875 年（清光緒元年）牡丹社事件後為加強海防，於旗津建置「旗後砲臺」，雖屬西式砲臺，入口卻是中式八字門，兩邊門牆用磚砌以不同樣式的「囍」字，極具建築特色；1883 年（清光緒九年）以磚造方形「旗津燈塔」，日人擴建高雄港後，於舊址旁改建新塔，塔身為八角形，旋至頂部為圓筒狀，並築西式白牆辦公室、日晷儀。

那座島，好像很趣味？

旗津渡輪站

國立海洋科技大學

旗后燈塔

旗津觀光市場

旗津國小

旗后砲台

海水浴場

海岸公園

星空隧道

中洲渡輪站

陽明高雄海洋探索館

紅燈碼頭觀光漁市

中洲國小

大汕國小

旗津國中

勞動女性記念公園

汙水處理場

風車公園

舊貝殼館

新貝殼館

戰爭與和平紀念公園主題館

　　因著交通往來而起的「旗津渡輪」，提供居民、旅客人車通行的行船體驗亦是少見的特殊景象，為鼓山輪渡站候船室興建工程及高雄市承辦第八屆世界運動會，2009 年四月十六日步入歷史的二十三艘「旗津舢舨船」，有百年文化歷史，早年曾是高雄海上重要轉運工具，富機動性、不受航班限制，早期迎娶亦搭乘舢舨船。

　　除了豐厚的人文景觀，政府單位為促進在地觀光產業所規劃的設施：「踩風自行車道」環繞旗津沿岸，騎乘自行車同時一覽沿岸景色；走過旗後山魔幻綺麗的「星光隧道」即可抵達另一端的「觀海賞鳥臺」，倚著沙灘的岩壁壯麗而優美；而「旗津海岸公園」極富盛名，為遊客必到之處，不需遠赴墾丁也能夠腳踏細沙聆聽浪音。

　　來到旗津最不能遺忘，同時也是旗津最豐富的資源財──「海產」，在旗津，隨處可見新鮮海產店，無論是海鮮熱炒、餐廳合菜更甚是路邊攤販特色小吃都顯出臺灣島國四面環海之利、養殖技術精緻，水產豐沛多樣，旗津小島多元化的觀光路徑，囊括文史、景觀、娛樂，走一趟小島，能發現視、味、嗅、觸、聽覺多樣而在地特有的旗津島。

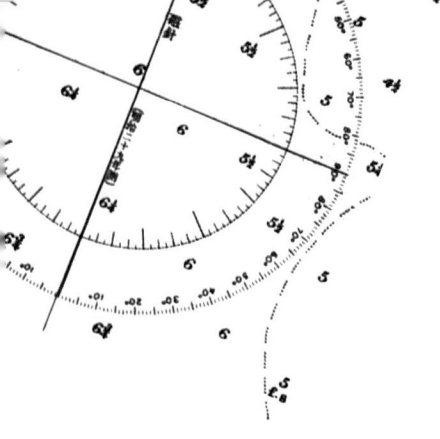

產業風華
― 古往今來 ―

　　臺灣至少從明鄭時代開始，即出現養殖漁業，官方根據魚塭面積大小在稅收有所差別。對魚塭徵稅直到清代末年才廢除這稅項。旗津地區漁業包括沿海漁業與養殖漁業兩種，日治時期大都只能從事賴以人力的方式捕魚，主要捕烏魚、定置網、地曳網與捕魚苗（溜魚栽）等；養殖漁業則有牡蠣（蚵仔）、蛤蜊（粉蟯仔）、蝦苗等的養殖。

　　清末自咸豐年間，與外國簽訂一連串不平等條約，1863 年開基隆與打狗為商埠，使旗後成為臺灣重要通商口岸之一。1855 年美國「韋廉安遜洋行」，取得臺灣樟腦獨占權，但以增設防禦海盜設施、修改航道、築建貨棧及信號所為交換條件。陸續繼之而來的有港商、英商、德商，開啟旗後進入國際貿易先河。臺灣民間自設商行也不少，這些貿易行（商號）早期稱「船頭行」，與日本、廈門、汕頭、廣州與香港間都有貿易往來。

　　清廷深知打狗港軍事重要性。設置許多官方機構加以管理與收稅，更加速旗後商貿發展，商店集中在當地稱為「街仔路」（通山巷，今廟前路 103 巷）的街道，旗後因此變成打狗地區最熱鬧的市街。

一座小小的島，
　　生產力會是如何？

日治時代，積極開發打狗港，擬定築港、市區計劃，使整個打狗逐步邁向現代化。「旗後町」商業發展延續清末，以「街仔路」為中心向外擴張。日人有企圖將外來商業（品）引進臺灣之意。此時期臺人商店頗多，且更貼近臺灣人民生活，多以臺灣物產作為商品，而買辦、漁行在此設立商號，顯示港口機能對旗後商業發展之重要性。旗後街繁華與生活便利性，

也吸引了組織與業者選擇在此設立據點，足見旗後街在日治初期具領導地位。

1970 年前，臺灣造船工業以「臺灣造船公司基隆廠」（臺灣機械造船公司造船廠）為主幹，在高雄的「臺灣機械公司」（臺灣機械造船公司機器廠）、「高雄港務局船舶修造工廠」與民營中小型造船廠等，占據了全臺造船業百分之七十五的月建造量。1974 年與我國與瑞士蘇撒兄弟簽訂技術合約，至 90 年代中美基金及行庫配合貸款興建大量遠洋漁船，讓旗津區原為木殼漁船及舢舨建造業者，開始籌措資金更新設備，改建造鋼殼漁船，以配合政府發展遠洋漁業之號召。

「臺灣機械公司」（今臺灣國際造船公司）配合重機械發展與國輪國造政策，於 1991 年船用柴油機生產排名世界第三。我國船舶建造量在 1972 年約排名世界第十五名，中國造船廠（今臺灣國際造船公司）加入生產後，於 1984 及 1987 年再躍升為世界第三，無論是對世界或是臺灣的航運都有重大貢獻。1969 至 1988 年間，

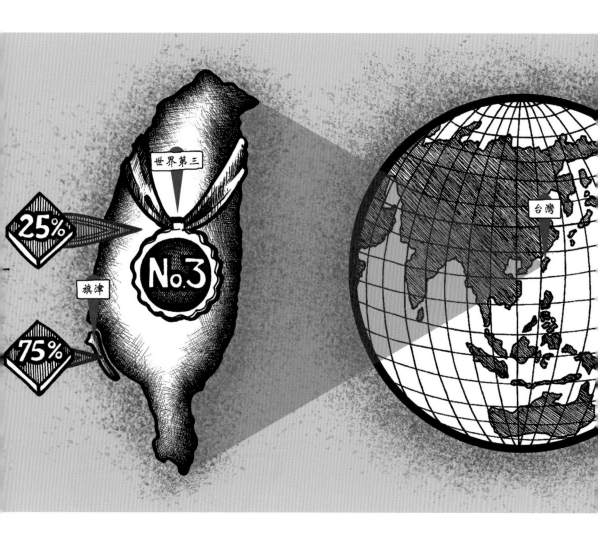

臺灣拆船量世界第一，全臺百分之九十五以上舊船拆解作業在高雄進行主要有三：地理環境優越且可工作天多、技術熟練、技術工人多、鋼鐵原料需求大，拆船業順勢引領相關行業，如鋼鐵原物料、建築業、機械與電機工業、造船業、煉油業、氣

體公司、海運、銀行保險、估物業、清艙及舊船仲介等，對臺灣經濟發展也占有舉足輕重的地位。

近年來因著旗津島天然條件、產業結構、文化地景、交通特殊性、與市中心區隔的地理位置，政府積極發展旗津地區的特色觀光產業。

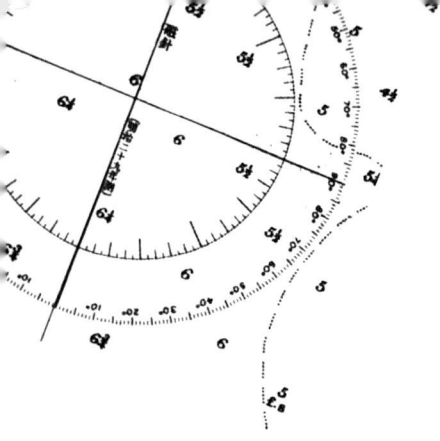

信仰納百川

─多神雲集─

　　全臺灣登記有案廟宇（包括佛教、道教）數量總計共一萬一千七百七十二間，臺灣陸地總面積共三萬六千一百九十三平方公里，平均三點〇七平方公里會有一間廟宇，旗津卻遠遠超越這項平均值，平均每〇點〇六平方公里就可見到一間廟，密集程度之於澎湖（最低平均區為馬公市 0.54 平方公里一間）與金門（最低平均區為烈嶼鄉〇點五平方公里一間）最低平均區域的密度眾寡懸殊，而綠島及蘭嶼並沒有任何廟宇興建，旗津可堪為全臺灣廟宇密度之冠。

　　在旗津有許多廟宇有各自不同的代表性，「旗津天后宮」為當地長久以來重要信仰，主要供奉媽祖，為漁民徐阿華以及同鄉六戶人家（蔡月、洪應、王光好、李奇、白圭、潘踄）迎奉湄洲媽祖分靈，於天后宮現址上搭蓋一座簡便的草寮供奉，並稱之為「媽祖宮」，為高雄市歷史最古老的寺廟之一；旗津天主堂──「海星聖母堂」，信奉海星聖母，是當地唯一的天主教會，人們相信聖母會保護並指引旅人和討海的人，許多沿海教堂便以此為名；「旗後教會」英國長老教會海外宣道會宣教師馬雅各醫生，於 1866 年在旗後山興建簡易醫館，不僅是臺灣第一個西醫醫館，亦是臺灣基督長老教會第一間禮拜堂，當時稱為「打狗禮拜堂」，是旗後教會

的前身，後遷至現址，並於 2009 年重建，即目前所見之建物；

但新廟落成後信眾覺得媽祖並不大處理塵間俗務，卻是觀音佛祖替信眾解難釋惑，擲筊請示神明後，正殿主位決定由「媽祖」改為「觀世音」了；「福壽宮」處旗津區中華里一帶，供奉五府千歲。日治時期，因左營建立軍港，而迫遷至旗津大汕頭，卻因無地建廟，遂將王爺暫奉祀各區爐主家中，供信徒參拜。民國三十六年，將王爺遷移至旗津實踐里的沙仔地建廟。民國七十八年適逢海軍造船廠擴建，在全體信徒善心募捐奉獻下，向國有財產局購地竣工安座；「蔣公感恩堂」相當特殊，為北汕里重要信仰，外觀看似一般廟宇，祭祀蔣介石、觀世音與三官大帝，附近為「大陳新村」，住戶幾乎都是大陳島撤退居民，特別蓋一間紀念堂，且融合本省廟宇風俗，將蔣介石神格化，形成特殊的廟宇及社區文化。

旗津早期捕魚業興盛，倚海為生的漁民通常會信奉媽祖，因為媽祖有海神「天妃」的封號，所以旗津眾多的廟宇當中不少都是供奉媽祖為主神，不僅出海捕魚之因素使得旗津廟宇如此之多，旗津是捕黑金（烏魚）勝地為另一要素，大陸沿海或者澎湖人遷居此地，也因遷往此處，在此同時將原先信奉的神明一同帶往旗津，以求平安，進而促成旗津島成為臺灣廟宇數量眾多，密度居上位之因。

創建於康熙十二年，
閩籍漁民徐阿華因避颱風而漂至旗後，
邀同鄉漁人攜眷前來定居，並從家鄉帶來媽祖神像，
以草寮供奉，成為本市最古老的廟宇，
旗後亦為高雄市最早發祥地。

天后宮

廟前路93號

清朝康熙三十二年清官
駐台時，恭迎順天聖母娘娘
及大太保、二太保金身來台，
落腳於現今高雄旗津燈塔下臨高
雄港邊之旗后山麓，原為一間草茅屋。
中間經歷搬遷、拆除過程，
直至1935年順天聖母娘娘辦理救世，
由蘇大欉先生積極推展廟務，
辦理廟宇復建工作。

通山路107號

臨水宮

天后宮

文武聖廟

主祀神聖為
大成至聖孔夫子、文衡聖帝，
經過幾次搬遷落腳於廟前路。
同祀神聖有順天聖母、觀世音菩薩、
許真君、王天君、天上聖母、
吳府千歲、孚佑帝君、李府千歲、
功過司、池府千歲、地藏王菩等。

廟前路85號

日據時期，因日軍在左營區建立軍港，被迫遷移至旗津的大汕頭，卻因無帝可供建廟，遂將王爺暫時奉祀在各區爐主家中。民國三十六年，將王爺遷移至旗津實踐里的沙仔地，建廟於此稱號「福壽宮」。

福壽宮

蔣公報恩觀

大陳義胞為了感念蔣總統當年帶他們渡海來台，天天以香火祭拜，廟裡面陳列蔣公的事蹟，儼然是座小型蔣公紀念館。

中洲路374巷63弄40號

蔣公報恩觀

旗津三路954巷11之1號

福壽宮

蔣公感恩堂

旗后教會

復興三巷7號

廟前路13號

英法聯軍之役後，西元1865年馬雅各從府城到打狗行醫傳教，在旗津設立長老教會，後於1935年蓋立教堂，就是現在所看到的旗津長老教會。

蔣公感恩堂

祭祀蔣介石、觀世音菩薩與三官大帝，此附近皆為大陳新村，住戶幾乎都是大陳島撤退的榮民，因感懷蔣公德澤，特別蓋紀念堂，融合本省廟宇風俗，將蔣公神格化。

已有百年歷史，今日所見興建於民國
九十三年。一樓為老人活動中心，
二樓為宮主祀天上聖母、保生大帝、
觀世音菩薩。三樓是在民國九十七年
所建的玉皇殿。

吳府三千歲(俗稱三王)自先人奉祀迄今
已逾貳百餘年。開基三王神像係孫家先祖，
在清乾隆年吉由大陸福建泉州府晉江縣
潘涇鄉十都。初奉於陳家園地草寮，
其後三遷於現址。

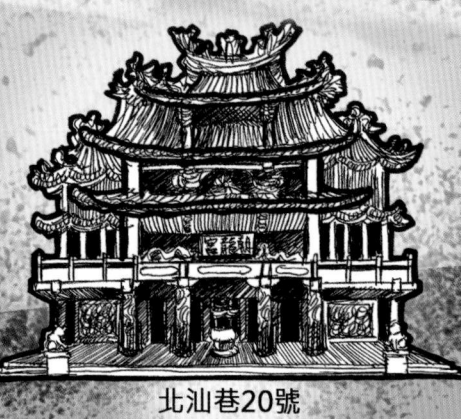

北汕巷20號

朝龍宮

上竹巷143號

天鳳宮

天聖宮

旗津三路52號

前高市旗津國小老師鐘永良，
25年前與妻子因緣際會接觸道教媽祖，
自此結下不解之緣，不僅迎回聖母祭拜，
鐘妻成為乩身、鐘老師擔任桌頭，
後來甚至在旗津籌建廟宇；
鐘老師往生後更在聖母旨意下
成為鐘府元帥，傳為奇譚。

廣濟宮

創始於一七三七年(乾隆二年)，
自旗后天后宮分靈於此，主祀媽祖、觀音、
佛祖。新的廣濟宮於民國七十九年興建完成，
樓上可見廣濟宮、進興宮的牌匾，
樓下則奉祀閻羅殿。

旗津二路255號

廣濟宮

鳳天宮

鳳山寺

敦和街2巷68弄13號

旗津二路257號

概約民國前20年，始建草壇
供奉保生大帝、廣澤尊王，
原建於中洲中和里；
民國二十五年間由郭典發起
重修廟宇之議，
命名為鳳福宮。
民國五十三年間重建
改稱為鳳天宮。
後經多次搬遷，
於民國七十七年興建完成。

鳳山寺

溯郭姓來台始祖淵源世居福建泉州，
來台耕耘時將金身攜帶來台；
後於民國七十三年旗津欲建造海底隧道
及貨櫃碼頭以致遷村，
故本寺亦隨之重建於現址。
民國七十八年農曆六月十一日吉時安座。

鳳天宮

人物故事與旗津事情

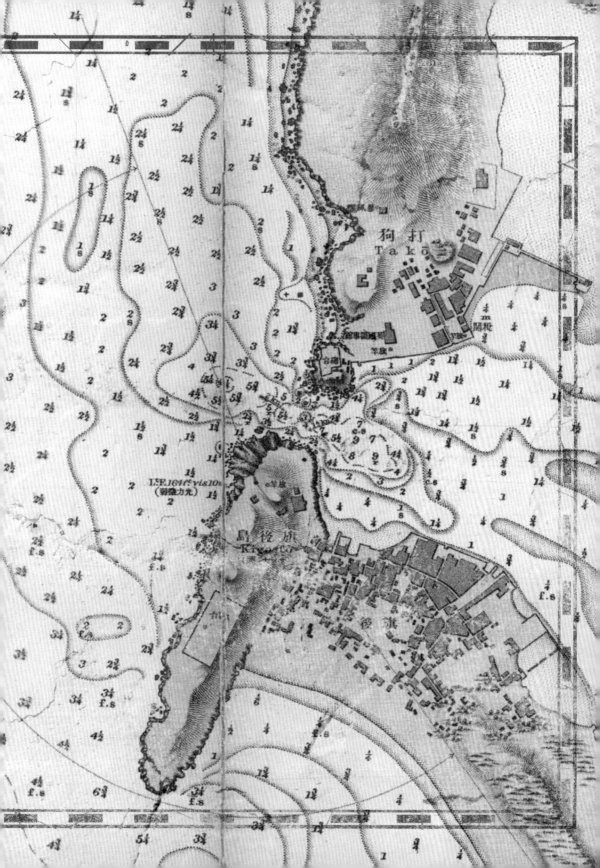

■ 蔓延燒灼

迷途者的明燈
─天后宮─

旗津 天后宮 Cijin Tian Hou Gong 國家古蹟

從玲瑯滿目攤商的旗津觀光大街廟前路彎入通山路，循著臺灣人熟悉的燒金紙氣味望去，便能見信眾絡繹不絕的中式廟宇建築——旗津天后宮，以及在一片平房間聳立的香客大樓旗峯會館。

西元 1637 年（清康熙十二年），中國福建地區漁民徐阿華作業時遭遇颱風，漂流至旗後，遂移居此地開墾，並招來洪、王、蔡、李、白、潘，六姓家族，為祈求出海平安、漁獲豐產，迎湄州媽祖分靈抵臺，草建「媽祖宮」恭奉祭祀。

■ 千里眼

1691 年（清康熙三十年），徐阿華與六姓家族訂定「耕墾契文」開墾分地，並丈量明定廟地三十九丈、闊十九丈。18 世紀中葉，由於海潮與淤積影響，旗後地區逐漸連結本島，從孤島形成半島，1765 年，媽祖宮失修，由莊氏家族出資重建，將原本的茅竹結構改為石壁小

廟，自此庇佑旗後地區百年之久。1887 年，洋商張怡記等集資重修媽祖宮，擴建廟房六間，並改名「天后宮」，其名沿用至今，1889 年，鳳山縣官李鑑敬立「鑑觀不爽」匾額，自此各任官員、信中奉獻許多匾額、刻聯，皆藏於天后宮中。

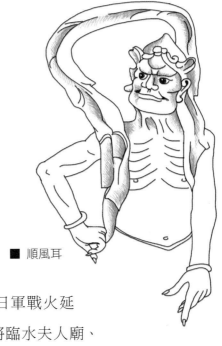

■ 順風耳

1941 年太平洋戰爭爆發，日軍戰火延伸至旗後地區民房、廟宇，轉將臨水夫人廟、呂仙祠兩廟神像寄奉於天后宮中，於此便安定下來。戰後，由信眾籌款修繕因戰事受損的廟殿，天后宮規模遂成今日所見兩殿、兩護室的規模。

1967 年，高雄第二港口開工，切斷旗津地區與本島連結，旗津地區再度成為孤島，至 1979 年過港隧道開通前，與本島交通全靠舢板，香客敬拜除祈求庇佑漁業興隆也祈求運輸安全。1985 年，公告天后宮為國家三級古蹟，1998 年天后宮管理委員會出版《旗津天后宮簡介》，同年天上聖母像首次過海遶境，坐鎮愛河，當時

設立神壇為高雄市史上最大的神壇；此外，天后宮「大媽」繞境中州地區，旗津、中州兩地聚落三百多年來心結因此化解，成為地方一大美事。此外，高雄市立歷史博物館出版《媽祖信仰與旗津天后宮三百年滄桑》，2000 年由廟方再版，是第一本描繪旗津地區媽祖信仰的專門研究書籍。

廟埕前經年懸掛整片祈求風調雨順的紅燈籠。天后宮自 1637 年草立，歷經荷據、南明鄭氏、清制、日治、民國，佇立旗津島 380 年，香火鼎盛、護祐無數，是旗津居民重要的精神支柱。

■ 虎爺

衛民衝先鋒

—主委—

「各位鄉親，我們決不能容許市政府就這樣隨意的就把汙水處理廠蓋在我們的家園，讓我們攜手一同保衛家園，抵抗汙水處理廠的建造吧。」在天后宮廟埕前，陳漢昇主委褪下議會時鼻挺西裝，穿著休閒，漾著眼角魚尾紋回憶道。

陳漢昇出生在 1953 年，小學就讀於戰前稱作公學校的旗津國小，當時他參與國小少棒隊與日本球隊比賽時，在當地是件大事，人人鼓舞著、也感受到球隊表現感染氛圍，那是他初次感受到個人與地區、人群緊密結合。

80 年代中期，高雄市計劃在旗津中州地區興建汙水處理廠，缺乏與當地民眾溝通說明，便決議動工，當地民意代表無一人反對相關建設計劃。於是，陳漢昇帶領民眾發起抗議行動，他擔心汙水處理廠興建與運作將對旗津賴以為生的漁場受到無以挽回的汙染。

汙水廠竣工啟用前一夜，當地警局在電話中半威嚇半安撫地預先警告：「大哥，明天就要啟用典禮了，這段時間你們演戲也演的夠久了，是時候放下了。要不明天我們就非得將你們抓起來才行了。」。

隔日，陳漢昇帶著民眾來到典禮現場，司儀在舞臺上宣布啟用典禮開始，他高喝一聲便率先向前衝去，然而眾人一無所動。此

時他才瞭解，作為一位「市民」力量不足之處。汙水處理廠非民之所願，但是抗爭不僅需要民氣。參與中州汙水處理場興建抗爭中，並未令他有與群眾情感連結的感動。

而今對於地方事務的爭取不僅需要鼓動，更需要實質權力。於是陳漢昇決心參選地方代表，成為旗津區民選市議員，連任五屆，以及擔任中華民國體育運動總會高雄市體育會第五屆理事長，投身地方發展和建設的一部分。卸任後，擔任當地天后宮主委，持續服務於旗津地區。主委一派輕鬆笑談從前，流露神情語氣卻如描述起初決意參選時般堅定不移。

位於旗津的中洲汙水處理廠是高雄市第一座汙水處理廠，1987年完工啟用。

■ 陳漢昇主委

協調的指標

─汙水處理廠─

「至今汙水廠附近的居民仍然聞得到臭味，還有機具半夜運轉的噪音，你們里長怎麼當的！」

1987 年，旗津中州汙水處理廠完工啟用，是高雄市第一座汙水處理廠，至今仍是高雄市容積最大的處理廠。廠區位址的中州大汕頭海灘地是新建海堤、圍填而生的海浦新生地。

1989 年，旗津區選舉出第一任當地出身的市議員陳漢昇，在此之前，市議會決議的參與者從未有旗津區出身的民意代表，汙水處理廠的設立計劃便是在如此的民主體系下決議並施行。1990 年，中州汙水處理廠爆發嚴重的氯氣外洩事件，造成兩千多人送醫及一名居民死亡，這起公安事件最終導致旗津史上最嚴重的民眾抗爭運動，在陳議員帶領下，於當年一月十二日至二十一日凌晨，兩千多人包圍中州汙水處理廠達十天之久，與警方數度發生衝突，造成多人受傷，多人遭逮

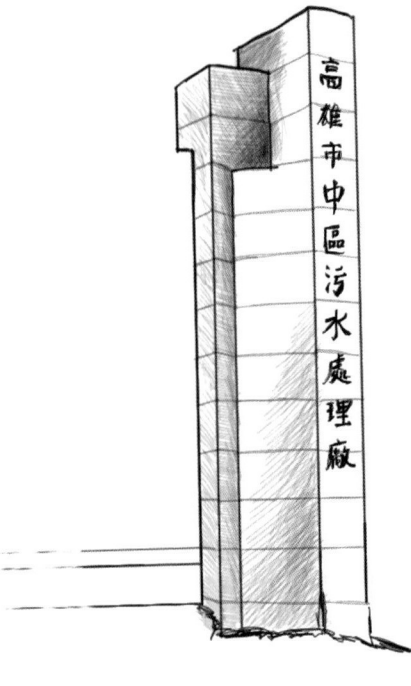

■ 汙水處理廠

■ 抗爭群眾

捕並依妨礙公務判刑。

　　此次事件後，市議會成立中州汙水處理廠地方回饋金委員會，訂定高雄市辦理汙水處理回饋地方自治條例。

　　中州汙水處理廠至今每日平均處理六十萬公噸汙水，約占高雄市七成左右汙水量，2012 年起完成擴廠、設備汰舊、建立風車公園及施行綠能發電回饋地方設施等相關計劃，而汙水處理廠的排

放以及運作造成的氣味、噪音等問題仍存在當地，僅以修正回饋金補償制度調解。

　　近年水利局、高雄市議會與當地里長仍就中州汙水處理廠擴廠升級、汙染處理以及減少汙水處理量進行協調審議，在當地居民的監督和協調下，中州汙水處理廠持續扮演著汙水守護神的角色，在公共需求與環境保育之間尋求平衡。

■ 抗爭群眾

消失的綠洲

─紅樹林─

祖父說：「旗津曾經是紅樹林保護區。」

旗津中州二路交叉口生長著幾株矮小、枝頭恣意扭曲的樹叢，樹叢由木樁、水泥邊堤團團圍住，解說牌上寫著海茄苳與欖李。過去旗津地區的紅樹林曾蔓延著整個海灘地帶並一路延伸至紅毛港區，經過長年開發，與紅毛港的連結早已斷開，漁港內興建砍伐，紅樹林所剩無幾。

日治前紅樹林分布的情形未有記載，但日治時期曾有試植紅樹林的紀錄，據日人佐佐木舜一之調查，包括基隆港、東石港、高雄港等地皆有紅樹林分布，品種共計有 6 種。過去臺灣紅樹林的分布中心位於高雄港灣內，除了水筆仔外，其餘五種均產於此，日治時期曾指定該地區之紅樹林為天然紀念物，高雄港以南的屏東東港地區亦曾有紅樹林分布。

海港開發改變了旗津地理環境，第二港口增建清除港內植株，剩餘紅樹林群落受人工開發快速而突然的堆積作用影響，造成紅樹林大量死亡，加上土地轉為住宅、商業、工業使用，使旗津地區紅樹林分布大幅減少，沿岸生態變化也影響近海生態，過去漁船如繁

星在近海捕撈漁獲，如今旗津區已不產海鮮，海產店內的漁獲大多是外地所產。討海人們不再走船出海，轉而成為營建工人、碼頭工人、臨時工。

1967 年，高雄港第二港口興建計劃，截斷旗津半島，永久分割了與本島的連結。

■ 海茄冬

不能說的秘密

─電石渣─

電石渣是石化工業生產 PVC 剩餘的產物，由於石化生產需要
用到乙炔，以水和電石加工而成，碳化鈣主要成分為電石，是一種
呈黑綠色的粉末或塊狀物，以水和電石加以混合可以產生工業需要
的乙炔氣體，餘下的氫氧化鈣就是俗稱 - 電石渣，氫氧化鈣加水會
成為強鹼的化合物。

　　石化工業生產的塑膠是 50 年代臺灣經濟起飛時期重要產品，
奠定臺塑產業體系壯大，緊鄰高雄港區的堤岸，過去曾是石化工業
主要聚集地，如今大部分工廠皆除役，成為亞洲新灣區計畫版圖內
的未來大型商業區段。

■ 電石渣

　　2000 年起，高雄市政府以廢棄物再利用辦法，將大量電石渣以管線輸送至旗津海岸填海造陸，並藉此建造電石渣海岸和自行車道，成為旗津地區特殊景點。然而，由於海洋酸化問題，本以電石渣的鹼性特性企圖達成中和近海海洋酸鹼值，卻也因此造成電石渣海岸侵蝕，使得如今旗津電石渣海岸出現一個又一個海蝕洞，自行車道也有遭海水掏空地基的危險。

　　此外，高雄地區屢次發生非法傾倒工業廢棄物事件，大坪頂地區非法傾倒爐渣，造成戴奧辛汙染及恐慌，旗津是全臺唯一的廢棄物海岸，經高雄地區環保團體檢驗，裡面夾雜瀝青、輪胎，在海水侵蝕下這些廢棄物排入海洋，改變了旗津近海生態。

　　高雄工業發展帶動了臺灣經濟起飛，楠梓加工區、前鎮加工區、五輕石化廠等等，無不成為臺灣連接國際大旗，繁榮了城市卻以廢棄物回饋旗津。旗津曾是高雄地區最為繁榮的海港聚落，擁有美麗海洋、沙灘和豐富海洋物產，隨著輕工業發展，造成旗津地區

海洋生態異變，如今旗津近海漁場幾乎失去功能，海岸侵蝕嚴重、海岸線退縮，繁華不再，本應是柔細的沙灘變成灰白坑洞像石膏般的「渣灘」，岸邊堆疊起大大的消波塊，防止海洋持續吞噬旗津島民的記憶，遺憾的是往昔沙灘景象早已消失。

2013 年，高雄市工務局編列 7 億預算，為打造南北兩座人工灣澳，放置 11,000 塊消波塊於旗津海岸，遮蓋住原本沙岸景觀。

■ 消波塊

海上計程車

——舢舨船——

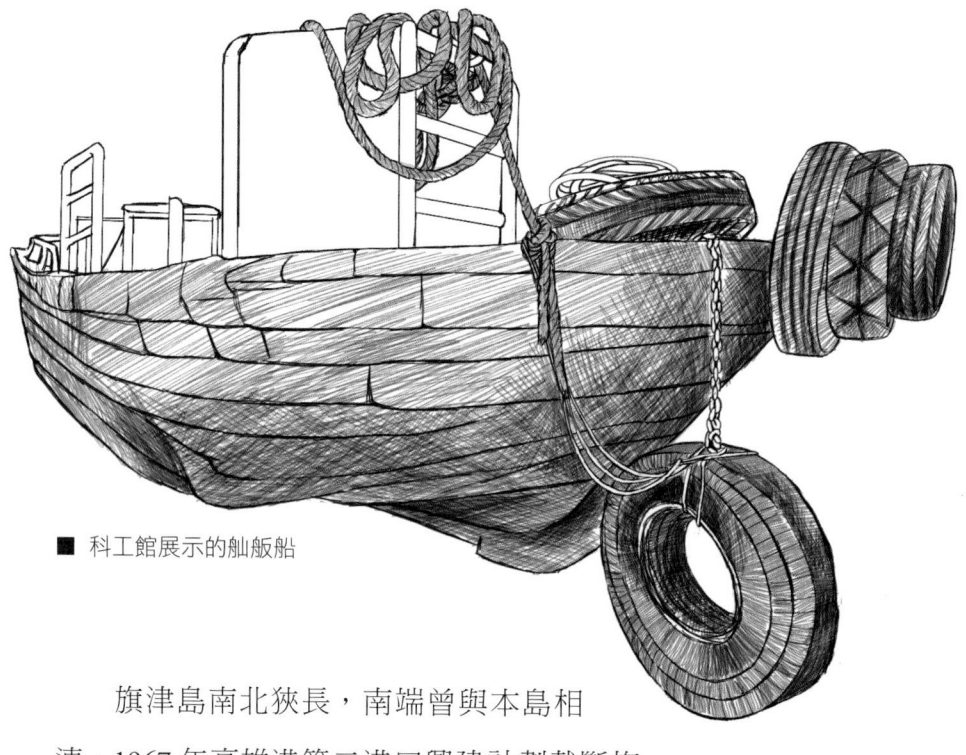

■ 科工館展示的舢舨船

　　旗津島南北狹長，南端曾與本島相連，1967 年高雄港第二港口興建計劃截斷旗津半島，直至 1984 年過港隧道完工通車，旗津島才再度與本島地理相連，但隧道連接兩端點均不在市區，主要仍用於貨運傳輸。船運始終是旗津與本島交通最為重要的流動方式，由人力舢舨船發展至動力舢舨船，直到公共渡輪全面取代之前，舢舨船是兩地交通聯絡最主要的方式，舢舨船隨叫隨到的特性，就像是跨越海岸兩端的水上計程車，甚至在夜間公共系統無法提供服務的時候，舢舨船仍能隨時將旅客運送至對岸。

　　舢舨船發展歷史和高雄港發展息息相關，1860 年簽署天津條約，迫使臺灣開港通商，建立起高雄港在國際運輸的地位，帶動

起腹地興盛發展。由於沙岸的特性，大型船隻無法緊貼岸邊停靠，因此需透過舢舨船接駁貨物與人員。日治時期大幅擴建高雄港，解決船隻停靠問題，舢舨船的機動和便利特性，成為高雄各港口間主要輸送方式，為了增加工作效率，船隻也改為動力馬達推動。1860 年至 1945 年間，除了貨運功能外，近海捕魚、旅客載送也是舢舨船主要功能。

1975 年，港務局為增加舢舨船的安全性以及搭乘舒適性，規定所有舢舨船增設動力裝置，人力舢舨船遂消失在旗津和高雄的海路上。1970 至 80 年代，臺灣經濟起飛，加工出口區是最重要的推進力量，吸引南部漁村村民前往加工出口區工作，來往於旗津和本島的旅客大幅增加，1973 年發生嚴重交通事故，在旗津與前鎮間的航路上，滿載要前往加工區工作的工人，因搭乘人數過多超載導致船隻在海上沉毀，經過搶救仍有二十五名女性乘客罹難，如今在旗津島上的勞動女性紀念公園（二十五淑女墓）便為悼念此事件而建。

舢舨船製作過程嚴謹，從龍骨開始，選擇合適的木材加工、塑型、立前樑，再依序製作船底、船殼加上所需的船板，作為外型形體；船體完成後，還需符合政府規範將船身上漆、船東名稱以及應具備的動力設備等，才能正式下水航行。

如今輪渡站旁已不見舢舨船蹤影，原本活躍於海上的舢舨船遭徵收摧毀，在地方人士積極爭取下，僅能保留一艘，典藏於國立

科學工藝博物館。舢舨
船百年來往返於旗津與
本島間、於國際船隻和
小型港口間，每一艘都
見證了高雄港區發展和
旗津地區的興衰，而今
也在人們記憶中逐漸褪
色。

　　2009 年，高雄市政府主辦
世界運動會，以不符城市景觀為
由，公共渡輪全面取代舢舨船。

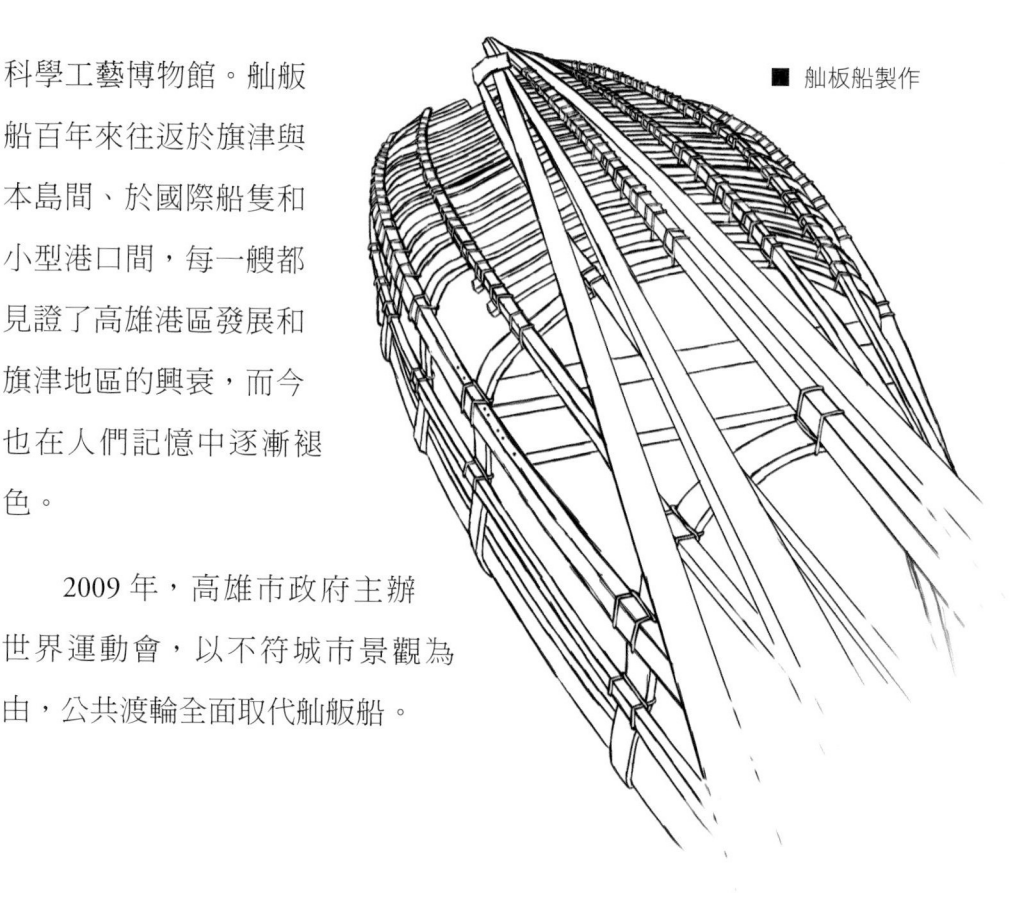
■ 舢板船製作

忘不了的人

— 王家 —

■ 王天賞

「盧英，字虹喬，出身名門，賢淑慈祥，勤儉持家，惜天不假年，五十五歲即仙逝。」

旗津醫院的建地原是大面積墓地，土地變更後成了公共建設用地，王家人在此規劃了旗津醫院。一旁土地上有個希臘式建築結構的墓園，由當時政要、聞人、書法家潤筆悼念，這墓述說著王天賞對妻子盧英的思念，也見證了一世紀旗津的興衰。

王家的大女兒出生之後，盧英變賣首飾，籌措資金供王天賞前往上海習醫，家計重擔靠她一肩擔起。盧英出身望族，王天賞則是捕魚人家的男孩。王天賞年輕時借住在盧英家的四合院的一角，盧英的母親看著他每天清早出門讀書，很是喜愛勤奮向上的王天賞，而將女兒嫁給他為妻，結婚當天還將陪嫁用的聘禮拆下來，付了喜宴的費用。

日治時期，王天賞在高雄開設振文書店，是高雄最著名的漢文和外文書店，由盧英照護店鋪事務，即使一連生了九個孩子，也無一絲怠惰地協助丈夫打點理外，甚至連生產後都沒能休養，隔日照常勤務勞動。

王家子女眾多，自大姊貞婉起共三男五女，還有個么兒不幸夭亡。戰時，每有空襲，盧英便帶著子女們「疎開」（逃空襲），她將店裡重要的財物、糧食放在鐵板車上（liaka），由三四個員工拖著，年幼的孩子們便擠身在貨物間的縫隙。戰時，書店營運不易，員工一個個相繼離職，漸漸由較為年長的兒女取代，拖著逃難

■ 王家盧英墓

的鐵板車。鐵板車顛簸，孩子們因為害怕和飢餓而哭哭啼啼，就這樣晃盪晃盪走過戰爭年代。

王天賞與妻子感情堅毅、恩愛相依，在當時以王天賞的地位，娶妻納妾本是稀鬆平常的事，但他絲毫未有納妾的想法，據說當時有酒家紅牌一心想進王家門，王家的孩子也問父親怎麼不納側室呢？王天賞堅定地回答：「你們母親對我溫柔而堅定，我又怎麼想納妾呢。」

盧英出殯那天，王天賞親吻了盧英，孩子們見了，說道：「這是父親和母親最後一個吻」。

英傳教之父

─馬雅各─

■ 馬雅各醫生與妻子瑪麗

1860 年，英國長老教會將臺灣列入醫療傳教宣教區，安排具醫師背景的宣教士前往。馬雅各醫師，全名為詹姆士·萊德勞·麥斯威爾（James Laidlaw Maxwell）於 1863 年輾轉自中國上海、廈門，隔年經打狗港抵達臺灣，翌年於臺南府城看西街開設今新樓醫院的前身——「看西街醫館」。

開張當天是臺灣醫療史上重要的一日，醫館門前擠滿了圍觀民眾，馬雅各醫師將醫館門打開，操著生疏的廈門話對聚集民眾說：「鄉親們大家好，我是馬雅各醫師，我可以為你們看病，不用收錢。」當時在臺灣的洋人不多，眾人看到金髮碧眼、戴著眼鏡的馬雅各醫師甚是新鮮，不僅對洋人面孔陌生，對看醫生不用錢更是

無法相信，人人面面相覷卻沒有人敢走進醫館裡。

　　直到一位大膽的婦人在人群中擠著擠著，一不注意便被推擠到醫館門前，她轉念想既然不用錢，不如就讓他看看日益模糊，幾近失明的右眼。於是，馬雅各醫師的首位病患經診斷罹患白內障，接受手術痊癒後，一舉消除府城民眾恐懼，「看西街醫館」一時聲名大噪。當時臺灣普遍接受漢醫系統的治療方式，隨著西醫館看診人數大增，當地漢醫不禁眼紅，在鄰里間散布謠言，直指「金毛仔」醫生用人眼睛、心肝製藥，流言一傳十、十傳百，引起當地民眾誤會，甚至發生包圍醫館的暴動，開館行醫不過二十三日的馬雅各醫師被迫離開臺南，轉往當時英國領事館管轄的打狗地區。1867 年馬雅各醫師在旗後地區購地建築醫館，並設立打狗禮拜堂，新醫館規模更大，是旗後地區第一所西醫診所，而打狗禮拜堂也是基督教長老教會在臺灣的第一間教堂。

　　馬雅各醫生在行醫與宣教時發現臺灣地區識字率低，遂以早年荷蘭人與原住民通商的拼音文字，大力宣導羅馬拼音書寫的臺灣話，並完成以白話字書寫的新約聖經，教導民眾閱讀聖經，對長老教會擴展以及提升當地識字率頗具成效。

　　在臺宣教期間，馬雅各醫師在香港與妻子完婚，並偕妻子駐

地旗後和臺南行醫，早年決定離開英國前往臺灣，他剪下一撮金髮留予未婚妻作為信物，1871 年任滿返回英國，他的兩個兒子繼承父親衣缽，長子前往中國行醫、次子則再度來臺。1900 年，由馬雅各醫師在二老口亭仔腳設立的教會和醫館還予屋主，將醫館搬遷至新造房舍，相對於就租屋處的「舊樓」取名為新樓醫院，是臺灣首座西式醫院，其次子終生在此服務。

1921 年馬雅各醫師逝世，他的孫子將當年贈與妻子瑪麗的金髮捐贈給新樓醫院，如今保存在展覽室內，就像他初踏上臺灣島與臺灣締結了三代情感。

■ 基督教長老教會在臺灣的第一間教堂──打狗禮拜堂

傳習言教所

—公學校—

■ 打狗國語傳習所

　　西元 1895 年，日華戰爭，臺灣成為戰敗賠償條約之一，割予日本。同年島內四處爆發抗日運動，日本挾其軍事，一年內攻陷全島，自清光緒更歲為明治，開啟臺灣日治時期。為期五十年殖民統治，各項行政、政治、教育制度等一時丕變，殖民教育具有其特殊性，以為改造風土文化、語言、思想，並在「工業日本、農業臺灣」的殖民地定位下，在臺推行基礎教育並鼓倡職業學校、技術學校與以農業、熱帶疾病醫學為主要之承續教育。

　　是時，旗津地區為打狗（現高雄舊名）重要的漁用港灣，商貿繁盛，昌榮景況可見一斑。旗津、打狗港的天然條件以及腹地潛力受日人重視，1899 年便開始進行打狗港的商用築港計劃，至 1911 年正式動工後，工作缺額大幅增加，本島及澎湖移民入駐，旗津地區發展更是日益興旺。

　　殖民教育機構的建立早於 1897 年，於旗津地區首設教育機構，其年六月在臨水宮設立打狗第一個新式教育設施稱為「打狗國語傳習所」，最初教育目標為普及國語（日語）。1907 年始招收女子學員，首次招收三十二名，當時島內女子求學風氣薄弱，竟無一人就學，直到 1911 年正式有女性學員，其中更包含了著名女詩人蔡月華（1905-1989）。

　　1917 年 4 月，國語傳習所更名為「打狗第一公學校」簡稱「一公」（即為今旗津國小），設於旗後的一公是高雄第一所初等教育機構，與鄰近專為在臺日人設立的「小學校」（今鼓山國小）於教材、校風、設備皆大相逕庭。當時的公學校校內不僅設有游泳池，更成立了少棒隊，催生了全臺第一個少棒冠軍球隊，不僅在與日本人為主的小學校體育大會中大獲全勝，奪得全臺冠軍後領獎隊伍一路自今高雄史博館、鼓山、鹽埕、渡輪返校，沿途無不大肆喧鬧慶祝、爆竹掌聲絡繹不絕，在日治時期飽受壓抑的百姓生活中，不無一吐怨氣的意味。

　　日治時期的校園生活，學生們週一至週六臨校學習，中低年級學生午後便休息返家，高年級學生於午休時間返家午餐或帶便當到校。課餘時間由於物資缺乏孩童們遊玩的器材大多是方便取得的材料如象棋、橡皮筋跳繩、跳格子、警察抓小偷的追逐遊戲、由皮球衍生的各種五花八門的遊戲。放學後，學生們在海邊遊玩、打狗港

內游泳，當時的打狗港還能撿拾牡蠣、文蛤，閩南語俗話說「摸蛤仔兼洗褲」生動描繪著當時的學生生活，直到 1920 年，旗津沙灘正式啟用為「旗後海水浴場」。

1944 年盟軍空襲高雄港，炸毀港灣，打狗港遂成死港。戰時，公學校停辦年餘，戰後仍提供旗津地區初等教育訓練。學生於公學校畢業後，持續升學多朝向職業學校、醫學校、公費師範學校等，孕育當地社會領導階層。公學校的成立和興變發展，與旗津地方發展環環相扣，1970 年「旗峰會」成立，會員多為當地耆宿、旗津小學校友，對於旗津地區歷史進程熟稔，2004 年出版的《口述歷史——旗峰會采微》對於旗津地區歷史風情發展有著詳細的記錄。

1929 年臺灣體育協會主辦第一回臺灣少年野球大會，高雄市第一公學校少棒隊以三勝一和的佳績擊敗日本學員隊伍，奪得冠軍。

體育的推手

─謝校長─

退休十餘年，仍活躍於體育活動圈內，謝耀文校長步伐穩健、精神抖擻。

　　謝耀文校長，1937 年出生於旗津，小學就讀旗後平和國民小學（旗津國小前身），由四年級導師陳柏調帶入少棒隊，放學及假日時練習，畢業校友也返校協助訓練。旗津地區是臺灣少棒的發祥地，日治時期第一公學校（旗津國小前身）少棒隊擊敗日本少棒隊揚名全島。謝校長小學時課餘最大樂趣就是棒球運動，1949 年獲得高雄市第一屆少棒賽冠軍，後續卻有一段軼事：旗津國小雖奪冠，政治考量下，棒委會又另辦選拔，大同國小奪勝後代表高雄市參加臺灣省第一屆少棒賽獲得亞軍。為彌補遺憾，陳老師向校友募款至外地參賽，對戰新竹代表隊時，遇到強勁寒冷的新竹風，大家淌著鼻水應戰。臺北市新公園比賽，坐無虛席，賽後在中山堂西餐廳慶功，這是謝校長第一次吃西餐。回想起往事歷歷，謝校長臉上掛滿得意笑容。這份熱情持續延伸至日後投身體育教育。

　　國小畢業後，他報考臺東師範學校簡師科，1953 年畢業後隨即被分派至高雄市前鎮國小服務，但並未前往報到而是轉報考普師科二年級，強化教育訓練。臺東師範學校的棒球運動並不盛行，謝校長隨遇而安改揮桌球拍，曾代表學校參加臺東縣省運會。

　　1955 年自普師科畢業，重新分派至高雄是旗津區中洲國小服務，隔年請調回母校旗津國小服務，擔任體育組長，由於過去的少

棒隊經驗，兼任謝老師以及謝教練，拿下高雄市第四屆少棒賽冠軍，孕育歐新賢、林和等亞錦賽及世錦賽國手。逢寒暑假或賽前，謝校長的母親會準備甜湯給小球員作點心，有時學校也提供美援的牛奶。1961 年，由於學校支援和小球員們的努力，旗津國小少棒隊在第十三屆全省少棒錦標賽中一路過關斬將，當球隊帶著優勝錦標旗返校時，彷彿重返日治時期體育大會旗開得勝時的榮耀。1980 年代起學校普遍設有桌球設備，配合教育局設置桌球重點發展項目和體育班的政策，培養出許多國語盃三冠王，謝耀文校長亦是重要推手。接任信義國小校長創班音樂班，同時，帶領躲避球隊，成果豐碩。

■ 謝耀文校長

家中客廳掛滿一幅幅作育杏壇的墨筆匾額，謝校長對基層教育長期貢獻，直到 1999 年結束長達四十四年的教育生涯。謝校長對體育活動不僅在學校內積極參與，也在校外擔任高雄市地區體育會理事，推動高雄地區體育活動發展。1970 年受楊振添先生邀請擔任體育會棒球項目副總幹事，隔年兼任桌球項目副總幹事。並連任中華民國體育運動總會高雄市體育會第六、第七屆總幹事。

　　翻閱著舊照片，多是體育活動相關紀念，謝校長與高雄地區體育活動淵源難解，球員、教練、體育會幹事，他說：「如今校園體育活動逐漸衰微，資源缺乏，僅靠政府支援不足以支持地方體育活動發展，要重返往日榮光，仍待努力。」謝校長纖瘦的手握著茶杯，篤定有力。

繡裡好神氣

─ 龍鳳繡莊 ─

■ 林全誠師傅（左）

　　臺灣民間諺語云：「福州過臺灣，身背三把刀，剪刀、菜刀、剃頭刀。」，早年中國福州地區移民臺灣，搭船穿越臺灣海峽，由於過程艱辛許多福州移民僅帶著謀生的工具在身上，到了臺灣靠著「三把刀」創業，剪刀、菜刀、剃頭刀，即指福州移民多從事裁縫師、廚師和理髮師三種職業。

　　自過港隧道前往旗津，不同於另一端鼎沸廟前街，中洲社區由蜿蜒小路構成寧靜住宅區，刺繡文化館隱身一派民宅之中。龍鳳繡莊已有一甲子，鄰里稱林師傅的父親叫福州師，指的是外貌似福州人及林家手藝傳承自福州，林全誠師傅為繡莊的第三代傳人，出生於 1959 年，六歲始習纏金線，七歲刺繡、平繡，十四歲開臉出師，一幅十六尺的八仙彩刺繡是林師傅做過最大的作品。

　　意之所至，影之隨行，一看即能看出上著開襟唐裝、胸掛青白玉珮的林師傅衷於傳統文化的傳承。林師傅創作宗教題材刺繡已有五十年，常常感嘆說：「現在的年輕人不是在拜神，是在玩佛（玩佛仔），比行頭，比桌布年代、誰家佛香火旺、雕刻精緻。過去，信眾還願常替神明換新衣，神人關係親近，富有人情味，現在費用大多挪去放鞭炮造勢，以求排場與人潮。」。林師傅說，40年代自己還是學徒時，曾有鄰居向林師父買過一條神明桌桌裙，當時幾千元的價格，如今已被喊價超過2萬元，足見林師傅的手藝。經營繡莊，農曆七至九月為淡季，旺季則為十月至隔年四月，臺灣話說「三月瘋媽祖」，意指農曆三月民間忙於媽祖誕辰（農曆三月二十三日）的各種廟會慶典，這句話表達了沿海地區媽祖信仰的熱鬧，四月過後，則又平靜下來。

　　刺繡用的金線叫「金倉」，音與閩南語「金蔥」相同，也有

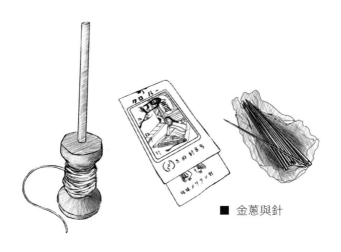

■ 金蔥與針

人如此稱之。最好的金倉線是「南京倉」，以金箔製作，臺灣沒有，中國產量亦少，難以入手，如今用的金線多從日本進口，昂貴、高級的材料越來越少，使用便宜的材料乍看華麗，實際上差別卻很大，唯有內行人才知其末微。刺繡產品銷量逐年減少，許多材料供應商也受到波及，逐一歇業。如今繡莊裡用的材料，包裝寫著金耳的銀針、金三箭與銀雪熊香粉、睡美人故事紡錘般的繡線等，多是早期留下屯積或紀念用的材料。林師傅苦於良材難尋，就算出高價也不一定能購得，早年傳承下來的手工刺繡品，將來只能在博物館內欣賞。

　　林師傅取下金邊眼鏡，靈巧示範刺繡基本功。長年堅持手工刺繡，與目前許多電繡品，質感有明顯差別。此外，圖像設計也相當講究，最怕四處效仿，最終成了四不像。市面上許多現成品，來自中國地區，不僅作工、用料差，甚至用破布與塑膠作為填充材料。林師傅純手工製作技法，從塞棉花到外部繡線無不細膩、精緻，龍鳳繡莊三代傳承，將師母也收為入門弟子，憑著福州過臺灣的冒險犯難精神，與一脈相承的堅持，將工藝昇華為藝術。

　　林師傅指手畫腳地說著，語到興奮處便跨上野狼機車，回到不遠處的老家，巷口曾是旗津唯一一家戲院——中州戲院，那裡荒煙蔓草，沒有屋頂門窗，卻有手中照片為證，這裡曾是他的家，這裡曾是他當學徒的地方。

人體探測儀

—烏魚伯—

路旁一間販售烏魚子等海味的商店內，驕傲展示臺灣省船籍證以及經濟部漁業幹部船員訓練中心結業證書，姓名是手寫毛筆字跡：洪英和，正是船長烏魚伯本人，旗津的傳奇人物。

　　烏魚伯，1937 年出生於旗津，自小便看著漁船自旗津漁港日夜出航，燃起了成為討海人的熱情，光復後年僅十二歲便跟著大人們出海捕魚，多年漁船歷練。1944 年時拿到寫著自己名字的漁民證成為船長，當時手下有三位船員，年齡相仿的四個年輕人駕著漁船來往於臺灣海峽兩岸。

　　在旗津漁業最發達的年代，主要漁獲是烏魚。烏魚棲息在世界各地溫、熱帶海域，是中國南方沿海主要食用魚類，然而烏魚子卻盛產於臺灣，每年八月半過後，烏魚從中國黃海往西南遷移、

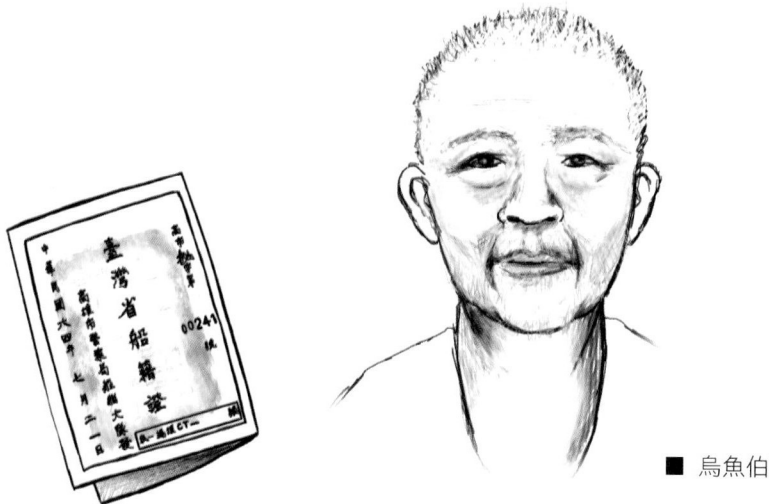

■ 烏魚伯與船籍證

繁衍，順著海流經過臺灣海峽，冬至過後魚群行至彰化地帶一路往下到達屏東地區洄游，在臺灣沿岸期間是烏魚卵巢最成熟的階段，因此臺灣出產的烏魚子以肥美香甜聞名。烏魚伯漁業生涯初期，僅以簡單竹筏航行至近海漁場，以傳統漁網圍捕，據說當時烏魚群整群數量高達十多萬尾，漁區遍布臺南、旗津、枋寮，後來研發了機動網裝置，一放、一撈，一網打盡上萬尾漁獲，導致魚群數量大幅減少。旗津近海漁場也因高雄港開發以及工業廢棄物等影響，如今漁獲量已不可同日而語，烏魚來源也逐漸以養殖取代捕撈，不若當年。

年輕時的烏魚伯，船長功力受漁業同行尊敬，眼力更是特別驚人，烏魚伯本人宣稱，年幼時生吃鰻魚膽使得自己有一雙「火眼金睛」，在馬祖高登島服役時，甚至能遠眺對岸，細數當地活動。他亮著眼睛說道。

旗津漁民們，如同農民深諳季節變化，不同時節有不同的漁獲，透過經驗，累積對海洋生態的理解，捕獲漁貨曾有重達一千斤的海豚入網，返港還得用鋸子切開秤重。烏魚伯對臺灣海洋的知識，不僅為他贏得同行讚賞，也受到公部門肯定。曾經有研究單位在海上遺失一枚探測儀器，苦無方法尋找，因而找上旗津地區漁民，大家一致推崇對海洋最熟悉的船長——烏魚伯了。而他僅詢問

了遺失位置、時間，再檢視當時氣候，便帶著一行人到離岸幾公里外一處，他信誓旦旦地對隨行研究人員說：「就是這裡了，從這個地方往下潛就會找到了。」果然發現了那枚被戲稱作「海洛因」的探測器，從此烏魚伯船長生涯又增添一樁逸事。

烏魚伯在日據時期受過一年的基礎教育，投身漁業後沒能有機會重返學校，但是職業生涯累積的知識，受到教育單位肯定，時常受邀演講，他笑稱自己讀了五十年的海洋大學，實非虛言。

一旁白牆上掛著數幅旗津中洲廣濟宮管理委員會 長老合照紀念，顯示討海人代代相傳的宗教信仰。從年輕船長到鄰里盛名的烏魚伯，如今已是隱居旗津的海洋博士了。

海上掏金客

─許叔叔─

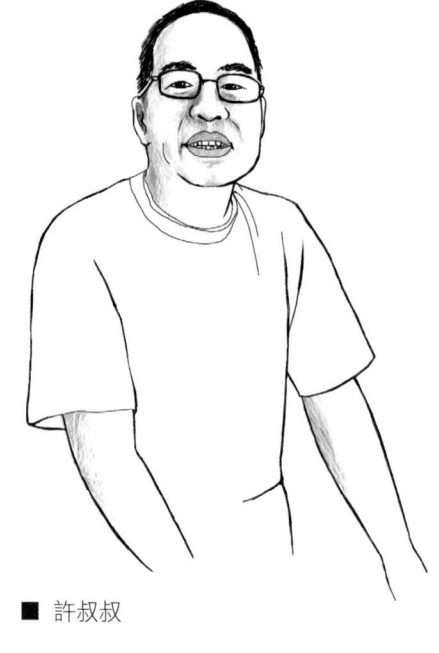
■ 許叔叔

與討海人形象相較，許叔叔的膚色白皙許多。

許叔叔 1959 年出生於澎湖，因為周遭的人都捕魚維生，於是他也在十三歲時成為漁工，自此開啟跑船生涯，至二十八歲投身澎湖近海海域以及遠洋漁場，1987 年舉家遷居旗津，換了居住環境、離開了熟悉的漁場，唯有乘風破浪的討海人職業不變。

許叔叔年輕時正逢臺灣漁業最興盛的時期，定居於旗津後，他正式擁有自己的漁船，從漁工成為船長。在他五十頓級的漁船上帶領五位年輕夥伴，來往於關島和帛琉海域。四十年討海生涯，鮪魚是他們的首要目標，捕鮪魚時的冒險犯難和高經濟價值令他充滿了成就感，每每返航回港，一踏上陸地就像是史詩中英雄返鄉，充滿身為討海人的驕傲。

啜口茶，許叔叔繼續說道：隨著漁業科技發達，新式漁具引進、大型圍網捕撈技術，大大減低了魚群數量和生物多樣性，旗津近海漁業逐漸沒落，漁船和五人小組不足以負擔出航成本，只能捨棄一

生熱愛的海洋。趁著臺灣養殖漁業興起，轉投資養殖漁業，在屏東養殖青斑、白鯧、白帶魚等，外銷至中國等地，反而次等商品才銷售臺灣在地人。

2009 年，莫拉克颱風災難性雨量重創臺灣，養殖漁業大受打擊。災害後新法規和限制增高了養殖漁業門檻，許多投資者因而收手。「沒有辦法阿！人就是要順應時代做改變。」，種種因素令許叔叔也心生退意。換個坐姿，許叔叔將左腳舉上座椅，左臂佇著左膝，流露討海人的海派，推了推眼鏡，感嘆旗津人口老化和年輕人的競爭力，現在年輕人大多禁不起太多勞動，旗津的青年人口也漸漸外移，人力也幾乎被外籍勞工所取代。熟悉的漁船和漁工不若以

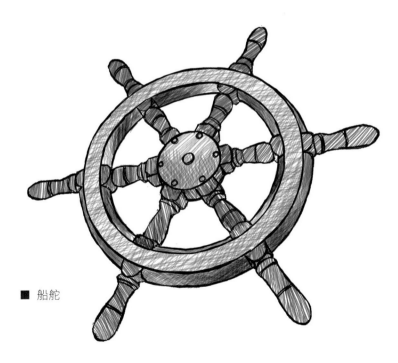

■ 船舵

往，漁業沒落，經濟重心轉向觀光發展，使得生活也跟著改變。

　　許叔叔為前任漁工、船長，暫時成退休狀態，依舊每日五點起床，閒暇與漁工朋友在自家騎樓聊天，自宅正對旗津海水浴場，抬起頭就是那片曾經懷抱夢想的湛藍，午後漫步海岸公園。現在的他，思考著往後的人生。曾伴隨他在海上馳騁的船舵，如今掛在牆上，他對海洋熱情仍舊隨舵轉動，尚未退休。

網出一片天

—魚網阿伯—

穿出曲折巷弄，豁然開朗，面對中洲漁港的邊間透天厝前，有個肩臂厚實忙著手工活兒的背影，便是莊碧飛師傅。長年身穿棉質白色背心，搭配深藍色西裝褲與拖鞋，十分親切。

莊師傅取出珍藏在臥房內的老照片，憶起妻子與從前。莊碧飛師傅的家族曾有過日本姓「濱川」意指海邊的居民，戰後投入漁業，與兄弟一同開船出海捕魚，四十幾年的討海生涯，各式各樣魚獲都臣服網下，捕魚經驗讓莊師傅開發出各種漁網。他指著身後一個罩籠式的漁網說道：「現在蘇澳地區捕蝦用的漁網就是我的設計」。漁夫拜訪莊師傅，只要說明魚種，他就能挑出適合的漁網，和討海人的專業結合是漁網師傅最自豪的地方。

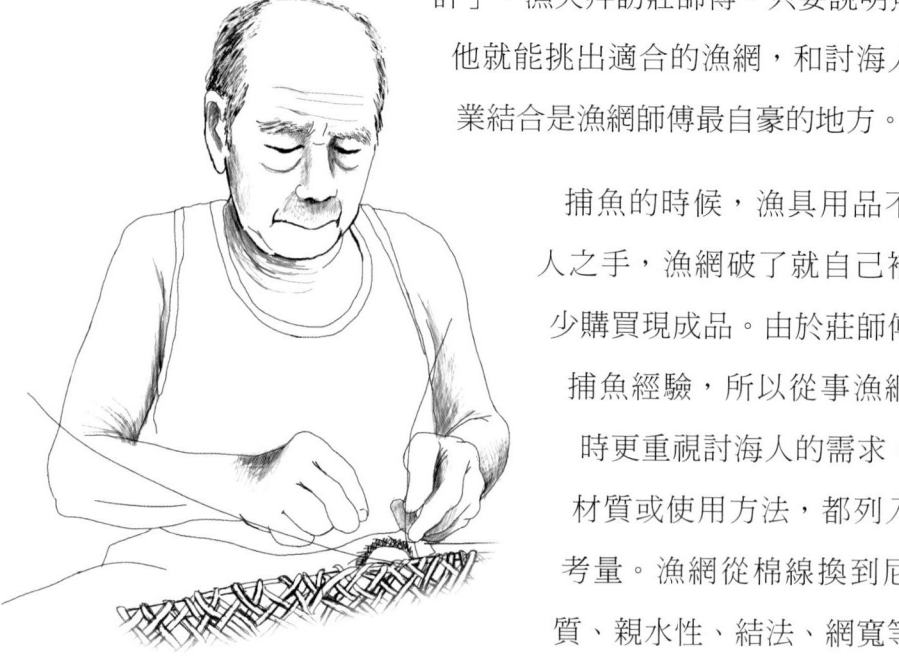

■ 莊碧飛師傅

捕魚的時候，漁具用品不假他人之手，漁網破了就自己補，鮮少購買現成品。由於莊師傅長年捕魚經驗，所以從事漁網開發時更重視討海人的需求，漁網材質或使用方法，都列入設計考量。漁網從棉線換到尼龍材質、親水性、結法、網寬等，漁

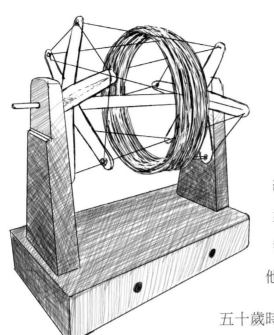

■ 莊師傅的漁網工具

網木柄的角度、鋼圈的造型到結構的強化與焊接，都是經年累月的結晶，為他的漁網贏來了好口碑。

五十歲時莊師傅賣了漁船，專職製作漁網，至今二十餘載，一批忠實老客戶，一買就是幾十年，除了當地客戶，也有外地的漁師特地南下訂製。有時訂單太多，需數月才能交貨，顧客仍堅持等候，只因莊師傅的漁網耐用又合手，不管是計算施力點或是針對專門魚種，處處都有精細考量，比起市售產品都還要好用。如今，莊師傅年紀已長，仍為老顧客手工製作漁網，厚繭佈滿雙手，精美工藝依舊自指間疾速而靈巧地流瀉出，鋼圈焊接的傷眼工作則由女婿自告奮勇代勞，莊師傅的手工漁網儼然成為討海人圈內的夢幻逸品。

莊師傅製作的手工漁網，象徵討海人經驗與智慧積累，是勞動者的奮鬥精神，亦是勞動者樂觀、感性、專業的表徵。面對海洋的艱難、回饋，莊師傅的漁網不僅網住漁師們的生計，也一網撈起旗津漁業的歷史興衰。

黑金商人

—明麗烏魚子—

■ 蔡素麗

烏魚是旗津地區冬季主要漁獲，烏魚肉質多，油脂豐富，每到烏魚季家家戶戶以烏魚燉煮食補，起初不懂「烏金」，四十年前烏魚子加工開始興盛，烏魚子外銷日本，成為高經濟價值漁獲，莊蔡素麗也在浪潮中投入烏魚子加工。

　　從婆婆輩開始，蔡女士觀察到討海人對烏魚子的喜愛，每每產季便買回新鮮材料自製。蔡女士的丈夫有自己的漁船，捕得烏魚後，返家加工烏魚子，自產自製程序過於勞累，遂將漁船賣了，專職加工烏魚子，並開設「明麗烏魚子行」。店名取自丈夫莊秋明與莊蔡素麗的名字，象徵夫妻同心共創事業。每年農曆十月過後，旗津地區進入烏魚產期，十一月達到高峰，十二月後就少有烏魚，因此得搶在這期時收購烏魚子。蔡女士專攻烏魚子加工，漁船捕到烏魚後直接交給漁港，專門的漁商會將烏魚每個部位分類變賣，蔡女士便至漁港收購烏魚子跟烏魚腱進行加工販售。早期中洲地區只有兩間烏魚子專賣店，一間是在靠近廟口的慶安行，另一間就是在漁港附近的明麗行。

　　烏魚子需先過清水洗去血汙、以棉線固定後用鹽醃漬，再用木板加壓塑型，將多餘水分排出、並洗淨多餘鹽份，此外，殺魚及清洗過程造成的損傷，蔡女士逐一檢視、分類，以小剪刀裁出合適尺寸的豬腸膜，手捧烏魚子像濕敷面膜般修補。鹽漬過程中會出水、出油、出鹽晶等，因此要以乾淨的布擦拭、翻面，最後再次塑型確保賣相，接著日曬風乾，風乾過程耗工又耗時，卻最為重要，烏魚子的風味好壞就看這個步驟了，時常得看天氣吃飯，一遇到雨天，就得趕緊將烏魚子搬進室內冷凍，等天氣好再曬。製作過程繁雜且價值高昂，這也是烏魚子被喚作「烏金」的原因。

■ 曬烏魚子

明麗行生意穩定,但漁業衰微使得漁船逐量減少,漁獲也大幅降低,許多討海人捕不到魚,轉作走私生意,地區治安越發混亂。明麗行裡裝了五、六支監視器,據蔡女士說:「由於烏魚子價格昂貴,常成為宵小的目標,裝了監視器仍防不勝防,即便看到竊賊,也擔心追逐過程發生意外。」蔡女士熟練烤著烏魚子,數月精華濃縮於短短三十秒烘烤,濃郁香氣自攤車向空中散去。旗津曾有過繁華年代,如今轉以觀光發展,過去漁船如織景象不再,漁獲也多從外地運輸至此,治安與經濟共消長,唯有手藝與記憶不變。

黃金的十年

— 造船工人 —

自戰後至今日，造船業一直是旗津地區主要產業之一，造船廠遍佈旗津東岸臨高雄港的南汕里、上竹里、安順里、安樂里，有港務局、臺灣機械以及數十家民營船廠。

　　吳先生家族便是這些民營船廠之一，曾從事資訊產業，三十七歲時決定與家人共同打拚。說是從小在船廠裡長大一點也不為過，從清潔、整理場地直到有能力從事作業，船廠工作業務彷彿是他天生的技能。

　　旗津當地的造船廠，近年來大多從事船隻維修服務，向港務局承租場地，不僅收取場地租金，也收取海上使用費。需要維修的船家將船拉近內港後由造船廠負責維修，客戶多是近海作業的漁船，大型油輪較少，但隨著近海漁

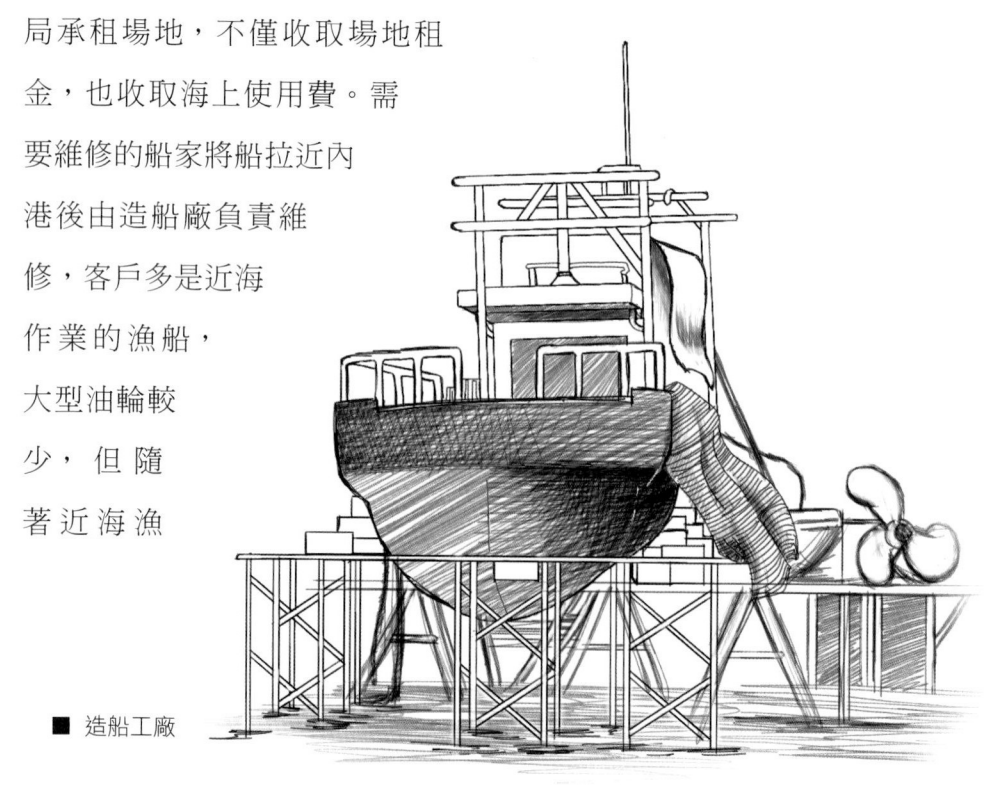

■ 造船工廠

■ 造船工

業沒落，漁船數量大幅減少，小型造船廠營收也隨之萎縮。許多船廠也面臨缺工問題，造船業薪水尚佳但辛苦，工人難尋。旺季時，小船廠一個月提供二十艘船維修，與大船廠的生意無法比擬。吳先生指著隔壁的大型船廠表示，他們月營業額可能就是我們一整年的數字，大者恆大，小廠漸漸被吞併。

造船廠工作特別重視相關作業安全規定，曾聽說發生倒船、爆炸或是中毒意外，吳先生的船廠雖沒發生過重大事故，也有過幾次因船隻電路走火引發火燒船，甚至還沒上岸整艘船付之一炬；有些船廠進行船體修復工作時，焊接、融切作業疏忽，導致融鐵滴落引起燃燒，不難想見造船廠工作之危險。

造船廠時常有釣客擅入，自顧自地就在岸邊拋竿垂釣，無處

不在的釣客可能是旗津東岸特殊景觀，不時引起爭執、衝突，最嚴重的一次請來警察，對方竟然罵警察是狗，為什麼他們叫就來，最後警察沒辦法只好把他抓走……。造船廠與對岸高樓相對望，使得旗津島風貌格外顯眼。近年來，高雄市政府補助電影拍攝，吸引許多劇組前來取景，旗津港灣的風采遂成為臺灣電影中的篇章。「我認為造船是旗津一個相當重要的產業文化，也相當有特色，造船廠是個很有潛力很有力量的地方，我相信有一點點小改變，就會有很大的不同。」

　　旗津地區造船工人占當地人口總數十分之一，是全臺規模最大的中小型船舶修建區。

你我好姊妹

─外配─

一轉眼，楊氏賢就離家兩千公里，在這個環海的島國待了十一年。

　　自東岸的家鄉啟程，一路向北，巴士晃蕩七個小時，來到離家兩百公里的國際機場，沿路的風景由平坦的漁村到無盡綿延的丘陵，她愛上這起起伏伏的山巒景貌，就是說不出的喜歡，連結著她故里的記憶便是這一條震盪線條，起伏地像心電圖，毫不平靜但總歸是活著，班機離地時，跨越兩岸的命運線就此扣上了。

　　對於自己的宿命儘管懷抱著滿腹疑問，但浪潮持續湧來，沒有多餘的時間細想，生長在海邊的她並沒有學會游泳，她得要不斷地朝岸上跑去以免遭浪吞噬。告別家鄉是一波大浪、對夫家的疑問又是一波，語言、文化和生活洶湧而至，她掙扎著在喧鬧、臭水四溢的市場裡學會討價還價，爭吵中學會漢語、閩南語，中文識字和丈夫學習她的母語一樣沒有進展，遠遠不到日常基本溝通的程度，他在學習字母的階段就放棄了，怎麼就是學不會，到現在連她的名字都說不標準。對這個國家的理解和生命厚度的累積全來自於親身體驗。

　　阿賢曾經旅行環繞這個新地方，才

■ 楊氏賢

146

明瞭這個島被海洋環抱。她懷念著花蓮風景，東岸、山脈和海潮拍打的岩岸，她依然說不出原因，但是，當她述說著那次旅行時，顯露出難得放鬆而溫暖的神情，像是蒙德里安的畫剔除了現實世界的紛擾後展現的祥和與寧靜，，只願沉浸其中，不須多加追問，希望那樣的表情能夠長久駐足。故鄉記憶與之融合，起伏的山陵線和海的波線，緊扣著兩個國家的命運線浮出海面，太平洋是一個沒有記憶的海洋，潮水將記憶向兩岸推去。

終究，她定居在這個與故鄉相似的海港小鎮，開設附投幣卡拉OK的小吃部，婚姻將自己嵌入夫家的文化傳統，她仍感到疏離，她仍然是那個捨棄名字搭上巴士，逃離貧窮的女孩，仍對一波又一波的浪感到不解，她的奔跑像是薛西弗斯推動的石頭看不見盡頭，先是為了故鄉的家，如今則為了夫家。

說到這時，她轉頭看向兩個女兒稚嫩的臉，牽著的手不自覺地收得更緊。

名流沙龍館

─雙喜相館阿嬤─

葉蘇榮煩，1924-2013。

中洲社區小巷左彎右拐，常分不清東南西北，身穿豔麗套裝的老奶奶一頭雪白髮絲梳理整潔，正拉開鐵捲門。現已歇業的双喜照相館是旗津區第一間照相館，也是最後一間，住在裡頭的是高齡九十歲的蘇榮煩女士與她的大兒子。

蘇榮煩女士出生在紅毛港，年幼時家裡清貧，為了維持家計，她僅短暫讀過小學便四處打零工貼補家用，日治時期南部平原地區遍植甘蔗，十來歲的小女孩拿著長過手臂的削皮刀，用小小的身軀夾緊身高兩倍的甘蔗，一刀一刀地刨削甘蔗皮，這就是她的第一份工作。她的母親雙眼不能視物，卻把家裡照顧的井井有條，打掃、烹煮樣樣完善，對所有物品的位置瞭若指掌，柴火、醬料從來沒有拿錯過。

蘇榮煩也和她的母親一樣能幹，雖然完成基礎教育，無法閱讀，但說得一口流利日語，更有一手俐落的裁縫技術。攤開她的縫紉筆記，筆記封面寫著「佳音縫紉補習班縫紉簿」，繪有各式服飾的裁切線和縫接指示，年輕時就替鄰居、朋友製作衣裳，身上穿得上衣，便是她一手設計、縫製，顏色繽紛亮麗，像是夏季的花園，又像是鑲嵌著藍寶石、瑪瑙、祖母綠各種寶石。

嫁到旗津後，在家旁開了一間小攤販賣涼水、冰品，臺灣諺

語說：「第一賣冰、第二做醫生。」涼水生意很好，就靠著這個小生意把持家務，教養兒女。三個兒女先後立業成家，小兒子對攝影充滿了熱情，遂在旗津開了這間双喜照相館，屋內地磚是黑白間隔，壁邊留有活動式長臂燈具和數面鏡子，隔間牆是歐式拱門造型，與奶奶的穿著風格非常相似。閒暇時，她帶著相機四處遊歷，由相館沖洗，留下一本本相簿，足跡踏遍各國。

直到孩子們都獨立後，蘇榮煩才有了自己的興趣和生活，她自年輕起便衷愛服飾，或許更貼近「時尚」這個詞彙，一針一線縫製各種款式的衣裳，有些復古典雅，有些絢麗華美，更精心搭配購買自國外的昂貴墨鏡、首飾，即便已然九十高齡，仍可見當年的嬌媚艷麗，重視服裝的奶奶，連健保卡上的照片搭配絳紅色背景打扮端莊貴氣。蘇榮煩女士一生深受鄰里敬重、喜愛，許多人請她為晚輩說媒，促成了百來對佳偶，是她時常掛在嘴邊對晚輩們述說的故事。

葉蘇榮煩女士逝於 2013 年初。

■ 葉蘇榮煩阿嬤的墨鏡

■ 葉蘇榮煩阿嬤　　　　　■ 葉蘇榮煩阿嬤的縫紉簿

多媒體繪本

使用教學

方法 ① 掃描 QRcode

《複島》
QR code

STEP ①
開啟 QR 掃描軟體

STEP ②
對準並
掃描 QRcode

STEP ③
點選「打開瀏覽器」

STEP ④
選擇任一瀏覽器開啟

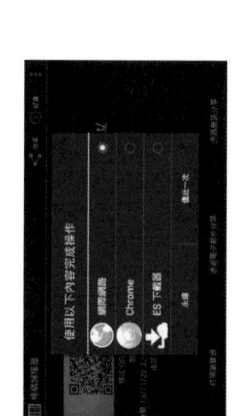

STEP ⑤
即會開始下載

STEP ⑥

下載完成點擊 Islands.apk
開啟並安裝程式

STEP ⑦

直接安裝請跳至 Step15
若出現安裝遭封鎖請看 Step 8

STEP ⑧

選擇設定

STEP ⑨

找出「未知的來源」
選項並打勾

STEP ⑩

會跳出注意視窗
選擇「確定」

STEP ⑪

「未知的來源」
呈現打勾狀態

多媒體繪本

使用教學

方法 ① 掃描 QRcode

STEP ⑫	STEP ⑬	STEP ⑭	STEP ⑮
回到所有程式中 找到「下載」的程式	進入後點選 Islands.apk	即會出現與 Step7 相同畫面並點選安裝	完成安裝，即可開啟 使用複島程式

複島　　　　　四款系列小卡　　　《複島》
Memoscape

多媒體繪本 使用教學

方法 ② 前往 GooglePlay 下載

STEP ①
進入 Play 商店

STEP ②
點選搜尋

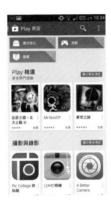

STEP ③
輸入「複島」

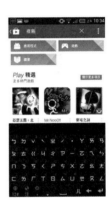

STEP ④
選擇「複島」
若搜尋不到請使用
方法 ① 掃描 QRcode

STEP ⑤
安裝程式

STEP ⑥
接受安裝

STEP ⑦
完成安裝
即可開啟使用複島程式

參考
資料

參考書籍

楊玉姿，2008，《高雄港開發史》

張守真，2008，《旗津紀事》

高雄市政府海洋局，2006，《海洋傳奇——見證打狗的海洋歷史》

張世民，2005，《高雄地圖樣貌集》

吳連賞，2005，《高雄市港埠發展史》

周盟桂，2004，《高雄老明信片》

高雄市政府新聞處，2002，《我的高雄港》

張世民，2000，《從地圖閱讀高雄：高雄地圖樣貌集》

張守真，1996，《高雄港紀事》

論文期刊

高雄港市聚落的形成、擴展與互動發展﹝1624-2004 年﹞

高雄港建港 100 週年學術研討會論文集

高雄旗津舊庄落之歷史變遷

網頁資訊

貨櫃之河（2013/11）　http://ppt.cc/RGZq

高雄旗津旅遊網（2013/10）　http://ppt.cc/WPaW

廣濟宮（2013/11）　http://ppt.cc/oio0

高雄旗津區福壽宮（2013/11）　http://ppt.cc/m9Lp

智在逍遙遊 - 蔣公感恩堂（2013/11）　http://ppt.cc/~eDD

內政部全國宗教資訊系統　http://ppt.cc/vnbf

歷史照片來源

高雄市立歷史博物館

臺灣港務股份有限公司 高雄港務分公司 港史館

張啟華文化藝術基金會

文化部國家文化資料庫

《複島》Islands

出　版　策　劃	黃孫權
展　覽　策　劃	黃孫權
編　　　　輯	李學佳、蔡佳羸
文　字　編　輯	李學佳
美　術　編　輯	蔡佳羸
程　式　開　發	顏信昌
插畫（身世 8 階段）	蔡佳羸
插畫（18 則小故事）	蔡佳羸
研　究　人　員	李宇哲、李學佳、官祺詠、周曉禎、黃怡靜
	蔡佳羸、蔡佩璇、鄭允貞、鍾富丞、顏信昌

特　別　銘　謝　**受訪者**

王貞美女士、陳漢昇主委、楊氏賢女士

造船工人吳先生、葉蘇榮繁女士、

烏魚伯、漁工許叔叔、謝耀文校長

店家

手工漁網莊碧飛師傅、

明麗烏魚子蔡素麗師傅

龍鳳繡莊林全誠／廖文治師傅（按筆畫排序）

國家圖書館出版品預行編目 (CIP) 資料

複島 / 複島團隊著 . -- 初版 .
-- 高雄市 : 高市史博館 ; 臺中市 : 晨星 , 2016.12
面 ; 公分 . --
ISBN　978-986-05-1097-3（平裝）
1. 人文地理 2. 歷史 3. 高雄市旗津區
733.9/131.9/119.4　　　　　　　　105023187

複島

作　　　者　複島團隊
文 字 編 輯　李學佳
插　　　畫　蔡佳贏
審 查 委 員　林茂賢、黃文博
策 劃 督 導　曾宏民
策 劃 執 行　李旭騏、鄭昀青、王興安

高雄文史采風編輯委員會
召 集 人　吳密察
委　　　員　李文環、陳計堯、楊仙妃、劉靜貞、謝貴文（依姓氏筆劃）

發 行 人　楊仙妃
出 版 發 行　高雄市立歷史博物館
地　　　址　803 高雄市鹽埕區河西路 99 號 3F
電　　　話　TEL：07-531-2560
傳　　　真　FAX：07-531-9644
網　　　址　http://khm.gov.tw

共 同 出 版　晨星出版有限公司
地　　　址　407 臺中市工業區 30 路 1 號
電　　　話　TEL：04-2359-5820
傳　　　真　FAX：04-2355-0581
網　　　址　http://www.morningstar.com.tw
郵 政 劃 撥　22326758（晨星出版有限公司）
法 律 顧 問　陳思成律師
登 記 證　新聞局版臺業字第 2500 號

執 行 編 輯　胡文青
拉 頁 地 圖　林育資
校　　　對　沈詠潔
美 術 編 輯　李岱玲
封 面 設 計　查理陳

出 版 日 期　2016 年 12 月初版一刷
定　　　價　新臺幣 300 元整
I S B N　978-986-05-1097-3（平裝）
G P N　1010502747

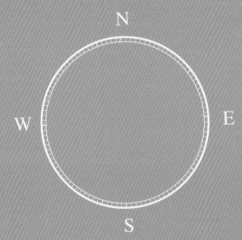

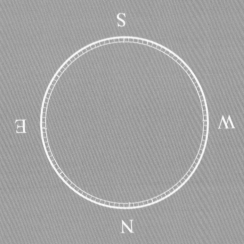